Regina Söffker

Wir
vom Jahrgang
1950
Kindheit und Jugend

Impressum

Bildnachweis:

ullstein bild-United Archivs/KPA: S. 6, 11 li, 60; ullstein bild: S. 8; 12, 22, 41li;ullstein bild-Harry Cröner: S. 11re; ullstein bild –gardi: S. 16, 17; ullstein bild-DHM/Schwarzer: S. 26, 28, 29, 44 u, 50 o; ullstein bild-Schlage. S. 39; ullstein bild-Zentralbild: S. 41 re; picture alliance-Zentralbild: S. 42, 45; ullstein bild-dpa: s. 48; ullstein- bild-Polfoto: S. 50u
Alle anderen Fotos stammen aus dem Privatarchiv der Autorin.

Wir danken allen Lizenzträgern für die freundliche Abdruckgenehmigung.
In Fällen, in denen es nicht gelang, Rechtsinhaber an Abbildungen zu ermitteln,
bleiben Honoraransprüche gewahrt.

9. Auflage 2025
Alle Rechte vorbehalten, auch die des auszugsweisen
Nachdrucks und der fotomechanischen Wiedergabe.
Gestaltung und Satz: r2 | Ravenstein, Verden
Druck: Druck- und Verlagshaus Thiele & Schwarz GmbH, Kassel
Buchbinderische Verarbeitung: Buchbinderei S. R. Büge, Celle
© Wartberg-Verlag GmbH
34281 Gudensberg-Gleichen • Im Wiesental 1
Telefon: 056 03/9 30 50 • www.wartberg-verlag.de
ISBN: 978-3-8313-3150-5

Liebe 50er!

„Das Leben besteht aus vielen kleinen Münzen und wer sie aufzuheben versteht, hat ein Vermögen." (Jean Anoulh) Nun, in diesem Sinne wurden für dieses Buch viele Erinnerungsstücke gesammelt und sie alle sind sehr wertvoll. Geldstücke sind es, die aus dem Gedächtnis, aus Fotoalben, in Gesprächen mit Schulfreunden geborgen wurden. Sie waren versteckt in der hintersten Schublade mit der Aufschrift Vergangenheit, übertüncht von der Hektik des Alltags und täglich neuem Wissen und neuen Eindrücken. Mit jeder Seite dieses Buches wird uns gewiss, dass wir eine glückliche Kindheit und Jugend hatten. Krieg war nur noch ein fernes Gespenst aus dem Leben unserer Eltern und Großeltern.

Wir wurden hineingeboren in eine der längsten Friedensperioden. Das machte sich für uns mit wachsendem Wohlstand bemerkbar. Es waren nicht die heutigen mit Spielzeug überfüllten Kinderzimmer, es war das Glück des unbeschwerten Kindseins voller Fantasie und der teilweise langen Vorfreude auf einen Roller, ein Fahrrad oder den ersten Fernsehapparat. Wir haben unsere Kindheit und Jugend genossen, in Kinderferienlagern, als Teil der Pionierorganisation und später der Freien Deutschen Jugend. Und das ist das Paradoxon. Wir waren Kinder der DDR und sind doch aufgewachsen mit ständigen Sehnsüchten nach allem, was aus dem westlichen Teil Deutschlands kam, von Schokolade bis echten Jeans.

In gewisser Weise war unser Leben ein Spagat zwischen beiden deutschen Teilen. Deshalb gehört für uns auch die jüngste Vergangenheit – die Einheit beider deutscher Staaten – zu einer der wichtigsten Münzen unseres Lebens.

Keines dieser vielen Geldstücke würden wir als das Wertvollste aus der Menge herausheben. Sie sind alle ein Teil unseres Lebens. Sie sind es wert, aus der Erinnerung geborgen und einem Puzzle gleich zusammengesetzt zu werden.

Regina Söffker

Kernseife und Laufgitter

Das Baby kommt nach Hause und Vater hält es stolz im Arm.

Begehrter Nachwuchs

Unser erster Schrei des Lebens fand vorwiegend in einer Geburtsklinik statt. Ob Junge oder Mädchen, wir hatten das Privileg, meist das einzige fleischrosa Bündel zu sein, welches sich in einer Nacht seinen schwierigen Weg in die Welt bahnte. Es hat uns nicht gestört. Es schläft sich besser, wenn nicht mehrere Neugeborene aus Sympathie oder gleichen Hungergefühlen ein Schreikonzert anstimmen. Nach der kurzen Ouvertüre auf der Geburtsstation ging es schnell nach Hause. Nannte man nicht seit Genera-

Chronik

27. März 1950
Fast 200 000 Menschen sind bisher aus der DDR in den Westen ausgewandert. Die Bundesregierung erschwert mit Maßnahmen die Übersiedlung, weil sie sich dem andauernden Zustrom nicht gewachsen fühlt.

25. Juni 1950
Ausbruch des Korea-Krieges.

6. Juli 1950
Im Görlitzer Abkommen zwischen der DDR und der Volksrepublik Polen wird die Oder-Neiße-Linie zur neuen polnischen Westgrenze deklariert.

19. Juli 1950
Der Zentralrat der Juden in Deutschland wird gegründet.

25. Juli 1950
In der DDR wird Walter Ulbricht auf der konstituierenden Sitzung des neuen Zentralkomitees der Sozialistischen Einheitspartei Deutschlands (SED) zum Generalsekretär gewählt.

31. August 1950
Die Zeugen Jehovas werden in der DDR verboten. Daraufhin kommt es zu Hunderten von Schauprozessen.

1. Januar 1951
Beginn des ersten Fünfjahresplanes der DDR und damit Einstieg in die Planwirtschaft. Diese Fünfjahrespläne, aus denen später Siebenjahrespläne wurden, wurden von der staatlichen Plankommission erstellt. Sie enthielten Zuweisungen von Fonds bzw. Ressourcen sowie Vorgaben für die zu erbringenden Produkte und Dienstleistungen.

5. August 1951
Eröffnung der 3. Weltfestspiele der Jugend und Studenten in Berlin.

10. März 1952
Stalin bietet den Westmächten (Frankreich, Großbritannien, USA) in einer Note Verhandlungen über die Neutralisierung Deutschlands an (Stalin-Note).

5. Februar 1952
In der Ost-Berliner Stalinallee legt Otto Grotewohl (1894–1964) den Grundstein für den Wohnungsneubau, einem der bedeutendsten Prestigeprojekte der DDR.

30. Juni 1952
Ende der Marshall-Plan-Hilfe für die BRD.

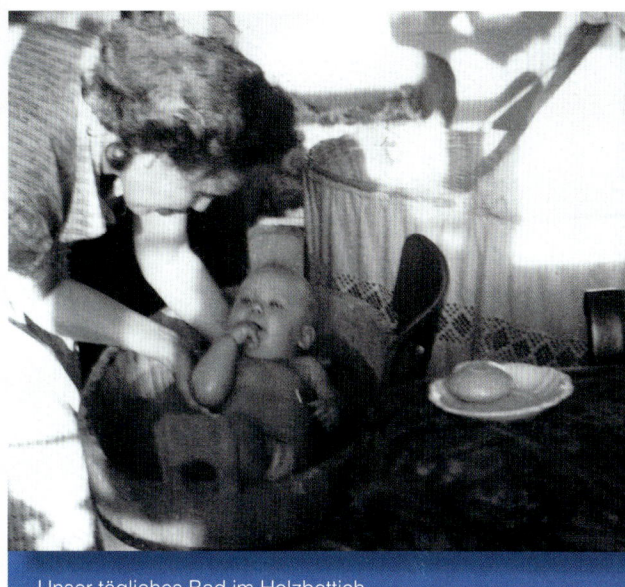

Unser tägliches Bad im Holzbottich.

tionen ein Bauern- oder Siedlungshäuschen sein Eigen, bestand dieses Zuhause oft nur aus einem Raum. Er war elterliches Schlafzimmer, Wohn- und Kinderstübchen zugleich. Im Nachkriegsdeutschland waren Wohnungen, die es nur auf Bezugsschein gab, noch immer knapp. Aber ganz gleich, wie es aussah, es war unser Zuhause und dort machten wir unsere ersten Erfahrungen.

Wir wurden in eine ererbte Wiege, einen Stubenwagen und später in ein meist selbst gebautes Babybett gelegt. Wir durften schlafend wachsen. Schrie das Bündel aus Leibeskräften, kam es, solange es ging, an Mutters Milchbar. Später stand ein Fläschchen bereit. Der Esstisch diente zugleich als Wickelkommode und als Untersatz für die Baby-

1. bis 3. Lebensjahr

wanne. Ansonsten dominierten in dem Raum meist zwei riesige Holzungetüme – die Ehebetten. Bestenfalls gehörten zwei Sessel zum Interieur.

Drei Stühle, die nicht einmal zum Tisch passten, vervollständigten die Einrichtung. Einer davon war sehr hochbeinig, hatte eine Sicherungsschranke und ein eingebautes Töpfchen. Die Väter damaliger Tage hielten uns Babys meist nur fürs Foto etwas unbeholfen im Arm. Sie waren stolz auf ihren Nachwuchs, konnten aber ansonsten mit dem kleinen Menschlein nicht viel anfangen. Wer hat in den Fünfzigerjahren Papas gesehen, die die Geburt ihrer Nachkommen unmittelbar miterlebten, die ihre Kinder wickelten, ihnen Fläschchen gaben, sie ausfuhren?

Als neues Familienmitglied genossen wir den Vorzug, regelmäßig im warmen Wasser eines Holzbottichs oder einer Zinkwanne zu baden. Bei den Erwachsenen und älteren Geschwistern war meist Freitag oder Samstag Badetag, so denn genug Holz und ein paar Briketts zur Verfügung standen. Das Wasser reichte für jeden nur knapp bodendeckend. Geschwisterkinder wurden zusammen in einer Wanne abgeseift. Statt duftendem Duschbad gab's gesunde Kernseife und ein Frottiertuch, das so hart war wie ein Peelinghandschuh.

Pack die Badehose ein …

Im Sommer hingegen frönte selbst die ärmste Flüchtlingsfamilie dem Badevergnügen im Freien. Zinkwannen standen im Hof oder im Garten, in denen wir als Dreikäsehochs planschten.

Ost und West nahm die Aufforderung der Berliner Göre Conny Froboess wörtlich: „Pack die Badehose ein". Sommerreisen waren für 90 Prozent der Familien

Der Gassenhauer „Pack die Badehose ein" war Programm für die Sommer unserer Kindheit.

Anfang der 50er-Jahre noch ein unerschwinglicher Luxus. Die öffentlichen Badeanstalten wurden zum Urlaubsparadies für Städter. Wer rechtzeitig kam, steckte zunächst den Claim auf der Sonnenwiese mit einer Decke ab. An schönen Sommertagen schimmerte auf den grünen Flächen nur ganz vereinzelt noch ein Grashalm zwischen ihnen hervor. Wir Kinder planschten im Nichtschwimmerbecken bis wir bibberten, die Erwachsenen sonnten sich oder schwammen ein paar Runden. Irgendwann wurden die mitgebrachten Stullen ausgepackt. In ländlichen Gegenden fand sich ein See, ein Flüsschen oder irgendeine „Pfütze", in der die Kinder an heißen Tagen baden konnten. Für die Landleute bedeutete der Sommer „Hochzeit", nämlich Erntezeit. Da war für die Erwachsenen an Badevergnügen nicht zu denken und an Sommerurlaub schon gar nicht. Verstaubt, verschwitzt nach langem Erntetag, fand die Reinigung gleich im Hof statt. Unter der Wasserpumpe wurde manchmal praktischerweise gleich die Kleidung der Knirpse mit abgespült.

Urgemeinschaft

Wenn auch bei den Eltern manchmal noch Schmalhans der Küchenmeister war, uns sollte es möglichst an nichts fehlen. Deshalb wurde alles, was irgendwo zu ergattern war, gekocht, durchgedreht, gerieben, so wie es unsere Omas den Müttern vorgemacht hatten. Was nicht gleich zu verarbeiten war,

Die Läden boten nicht viel. Wer bei diesem Fleischer einkaufen wollte, musste Verpackungsmaterial mitbringen.

kam in Einweckgläser. Denn nur ein verschwindend geringer Teil der Bevölkerung besaß einen Eisschrank. Geringfügig gekühlt wurde ansonsten im Keller in einem Schrank mit Fliegengitter. Im Keller führten Holz, Kohlen, Kartoffeln, Gläser mit Äpfeln, Birnen, Pflaumen und eingelegte Gurken eine friedliche Koexistenz.

Die Eltern waren in dieser Zeit in gewisser Weise zur Urgemeinschaft zurückgekehrt und betätigten sich als Jäger und Sammler. Es herrschte Mangelwirtschaft. Auf dem Markt wurde angestanden, im Milchladen, beim Fleischer – eigentlich überall. Und wer nicht, wie auf dem Lande, Selbstversorger war, musste über Land tingeln. Vater und Mutter schwärmten unermüdlich wie Vogeleltern aus, um das Nötigste zu ergattern. Der Ernährer kam nach einer guten Hamstertour beladen mit Holz, Äpfeln, Kartoffeln, sogar manchmal mit einer Wurst zurück nach Hause.

Prominente 50er

4. Feb. **Freya Klier**, *Deutsche Autorin, Regisseurin und Bürgerrechtlerin.*

5. April **Agnetha Fätshoy**, *Schwedische Sängerin der Popgruppe ABBA.*

30. Juni **Bodo Fürneisen**, *Filmregisseur und Drehbuchautor.*

3. Aug. **Waldemar Cierpinski**, *Deutscher Marathonläufer und zweifacher Goldmedaillengewinner.*

4. Nov. **Karl-Heinz Steinmüller**, *Physiker und Science-Fiction-Autor.*

5. Nov. **Walter Plathe**, *Theater- und Filmschauspieler.*

17. Nov. **Roland Matthes**, *Deutscher Weltrekordhalter und vierfacher Olympiasieger im Schwimmen.*

Ideenreiche Couturiers

Baby- und Kindermode zeigte sich Anfang der 50er-Jahre so individuell, wie späterhin nie mehr. Uns wurde übergestülpt, was von älteren Geschwistern vererbt, selbst gestrickt, gehäkelt oder genäht worden war. Weder flauschig weiche Wolle, noch hübsche Stoffe mit kindgerechten Druckmotiven gab es regulär zu kaufen. Total chic galt bei Mädchen die Kohlroulade auf dem Kopf. Kaum waren bei der „kleinen Dame" die Haare gewachsen, wurde die Oberpartie zu einer Rolle gedreht und mit einem Kämmchen festgesteckt. Zu Festtagen drapierte die Mutti eine voluminöse Schleife ins Haar oder flocht Zöpfe. Die Topffrisur war bei den Jungen Trend. Die Strümpfe waren derb und kratzten oft. Sie wurden bei beiden Geschlechtern an einem Leibchen festgemacht.

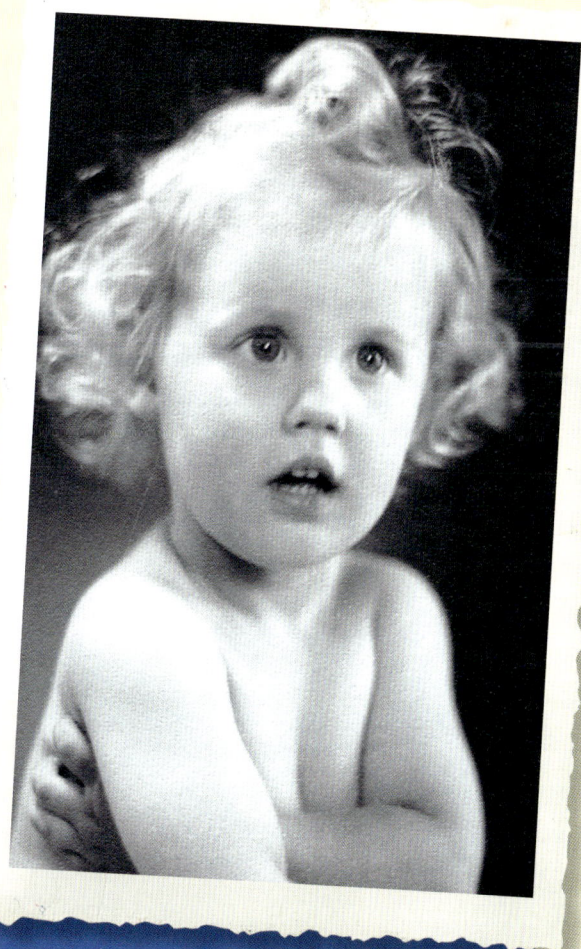

Mütter und Omas zeigten sich als ideenreiche Couturiers. Die Tischdecke mit Stickereien und Häkelsaum funktionierte eine fleißige Oma zum Taufkleid um. Später entstand aus den noch erhaltenen Teilen ein Blüschen fürs Kind. Zum Schluss diente das gute Stück zum Bohnern der Fußböden. Der Nähkasten fehlte in keinem Haushalt, meist auch nicht eine alte Nähmaschine, an der die Mütter für die ganze Familie unermüdlich stichelten.

Oh, arme Mütter und Omas, was habt ihr in jener Zeit am Waschtrog gestanden. Ein eigenes Bad mit Wanne und Kohlebadeofen

Die Kohlroulade auf dem Kopf war absolut im Trend.

Das Kleidchen war selbst gestrickt. Der Schirm passte genau dazu – ein Zufall.

war absoluter Luxus. Es ersetzte in Stadtwohnungen eine Waschküche, die auf dem Land traditionell zum Anwesen gehörte. Tägliche Zierde des meist mit Ölfarbe gestrichenen Bades war ein Eimer mit Windeln. In der Badewanne, Wasser mit GEMOL, lagen Hemden und Blusen, kleine Kleidchen oder Hosen. Ohne des Meisters propere Zutaten musste die Wäsche vorher eingeweicht, dann über der Rubbel mit Kernseife geschrubbt, in kaltem Wasser gespült und per Hand ausgewrungen werden. Das Prädikat bügelfrei war ein Fremdwort, auch für Baumwollwindeln. Unsere Mütter achteten deshalb schon aus einem gewissen Selbsterhaltungstrieb streng darauf, dass wir schnell sauber wurden. Das hieß, dauernd auf einen Topf gesetzt zu werden. Zur Belohnung ein Stückchen Kinderschokolade? Weit gefehlt. Ein liebevolles Drücken oder ein Küsschen für das artige Kind musste ausreichen. Schokolade gab es nicht. Was es nicht gab, wurde auch nicht vermisst.

Werner Peters in „Der Untertan".

„Die Knef" in Berlin.

„Mach Dir ein paar schöne Stunden …

… geh ins Kino" warb die Traumfabrik. Statt ewiger Trümmerberge vor den Augen, sahen unsere Eltern grüne Wiesen in einer heilen Welt. „Schwarzwaldmädel" (1950), „Grün ist die Heide" (1951), „Die Sünderin" (1951) gehörten zu den Kassenschlagern. Stars unserer Eltern waren Hildegard Knef, Rudolf Prack, Sonja Ziemann. Die DDR förderte eine neue „sozialistische Filmkunst". Erfolgreiche Produktionen der 50er-Jahre waren „Das verurteilte Dorf" (1951) oder Wolfgang Staudtes Meisterwerk „Der Untertan" (1951) nach dem gleichnamigen Roman von Heinrich Mann.

Unser Fitnesscenter

Unsere Mütter kehrten nach kurzer Stillzeit meist wieder an ihren Arbeitsplatz zurück oder hatten mit der häuslichen Landwirtschaft genug zu tun. Das Pensum einer Mutter und Hausfrau war ihr Zusatzprogramm. Es gab kaum Haushaltsgeräte, die ihre Arbeit erleichterten. Das Glätten der Wäsche mit den damaligen Bügeleisen glich einer Hantelübung für Bodybuilder. Es blieb den Frauen, trotz Omas Hilfe, nichts anderes übrig, als den Nachwuchs mal für ein paar Stunden im Laufställchen sicher einzuparken.

Der Familienliebling begann den aufrechten Gang zu üben. Als Gehhilfe erwies sich dabei alles als nützlich, was fest auf dem Boden verankert war. Das hätte neben den Tischbeinen auch der heiße Herd sein können oder das Bügelbrett. Das Laufgitter war für uns aus heutiger Sicht ein Fitnesscenter. An den Holzstäben konnten wir uns trefflich hochziehen und wieder herunterplumpsen lassen. Wir bereiteten den Gaumen am harten Naturmaterial für die ersten Zähnchen vor, krabbelten im Quadrat und manchmal diente das „Ställchen" auch als Ersatzbett für ein kleines Nickerchen.

Wilhelm Pieck bei der Eröffnung des Berliner Tierparks mit dem Löwenbaby Sonja.

Masseninitiative für Städte und Gemeinden

Am 2. Januar 1952 wurde das Nationale Aufbauwerk (NAW) gestartet. Diese Masseninitiative forderte die Bürger der DDR zur freiwilligen, gemeinnützigen und unentgeltlichen Arbeit auf. Ihr Ziel, Projekte von gemeinnützigem Interesse zu realisieren, wie Schwimmbäder, Klubhäuser, Sportanlagen. Bekanntestes Projekt dieser Initiative ist der Tierpark Berlin-Friedrichsfelde. Der Berliner Tierpark wurde ab 1954 mit vielen freiwilligen Aufbauhelfern gebaut. Seit der Eröffnung 1955 besuchten 90 Millionen Besucher Europas größten Landschaftstiergarten. In den 60er-Jahren schlief die NAW-Bewegung langsam ein. Aus ihr wurde „Schöner unsere Städte und Gemeinden – Mach mit".

Richtige Omas

Sehen wir als Omas heute noch wie
Omas aus? Kaum. Haben wir Zeit für
unsere Enkel? Wenig. Wir arbeiten
und schieben Überstunden. Wir
quälen uns im Fitnessstudio, um jung
auszusehen. Wir gönnen uns die
nach der Wende gewonnene Reise-
freiheit mit ausgedehnten Urlauben.

Anfang der 50er-Jahre gab es noch
richtige Omas. Sie hatten weißes,
statt getöntes Haar. Sie trugen einen
praktischen Knoten am Hinterkopf
und eine ebenso praktische Kittel-

Das Lieblingsmärchenbuch. Die spannenden
Abenteuer eines Bärenpaares.

schürze. An Festtagen präsentierten sie über Jahre das feine Schwarze. Es waren eben Omas, wie wir sie von den Titelblättern eines Märchenbuches kennen. Ihnen zu Füßen saßen Bub oder Mädchen und lauschten den Geschichten. Die Omas trockneten Tränen, sie fütterten, sangen zum Einschlafen Kinderlieder, führten den Nachwuchs aus. Ihr Privileg war es, uns zu verwöhnen, auch mal etwas zu erlauben, was die Eltern verboten hatten. Später trat an ihre Stelle eine Kindergartentante. Sie musste für

viele von uns Steppkes zugleich Omaersatz sein.

Wollte es eine Familie in der DDR zu einem bescheidenen ersten Wohlstand bringen, gingen beide Elternteile arbeiten. Die berufstätige Frau stand hoch im Kurs, durfte sich späterhin über Frauensonderplan, Frauenruheraum, Haushaltstag und Blümchen von ihren männlichen Kollegen zum Internationalen Frauentag am 8. März freuen. Frauentag statt Muttertag.

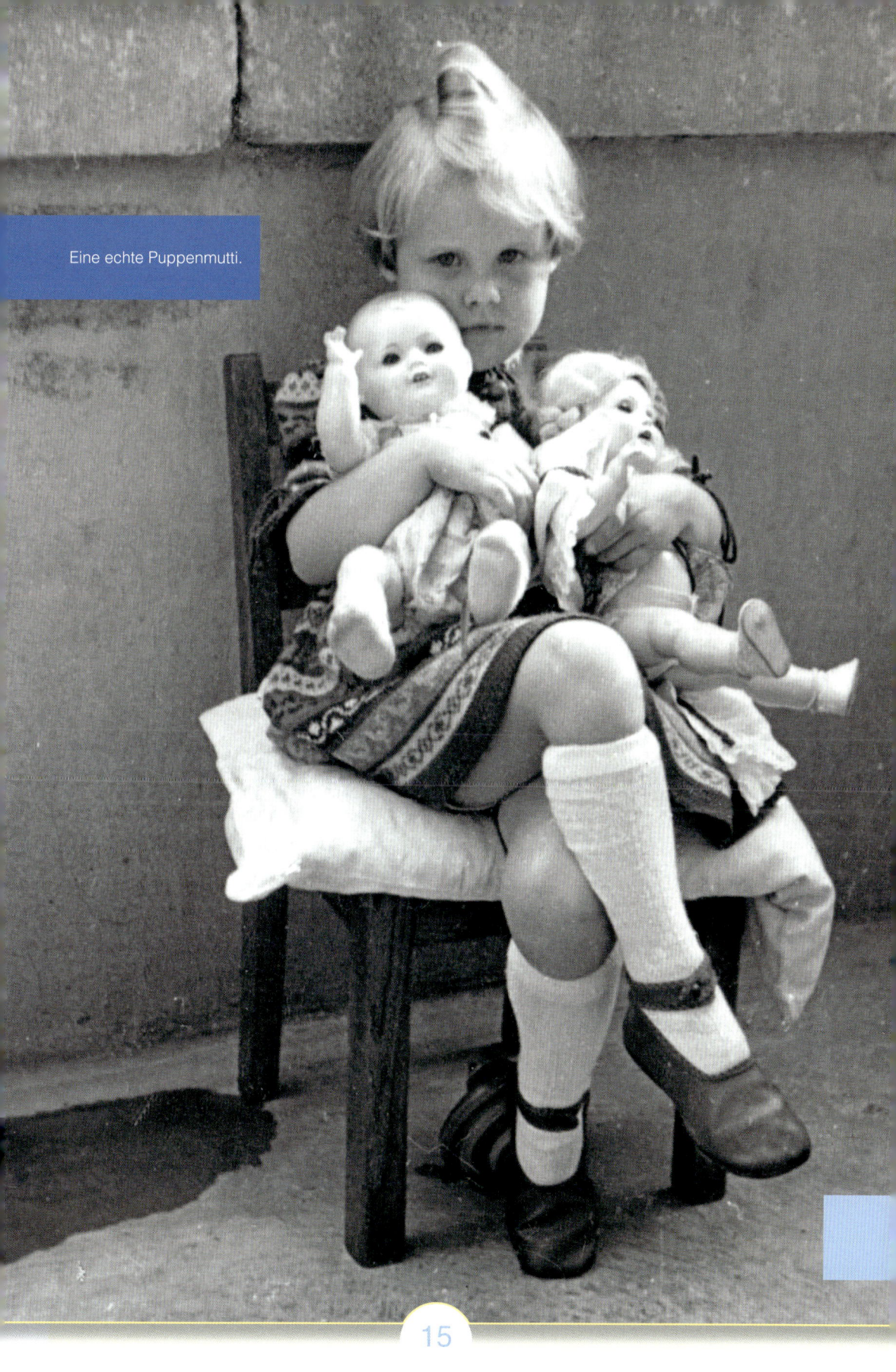

Eine echte Puppenmutti.

Rennfahrer und Puppenmuttis

Wenn die Kindergärtnerin vorlas, lauschten wir gespannt.

Spielend die Welt erobern

Das erste Spielzeug reduzierte sich Anfang der 50er-Jahre auf Holzbausteine für den Jungen, einen Teddybär, bei beiden Geschlechtern gleichermaßen beliebt, und eine Puppe für Mädchen. Unser immer stärker werdender Bewegungsdrang wurde mit einem Holzroller oder einem Dreirad befriedigt. Bei schönem Wetter ging es natürlich an die frische

Chronik

1. Januar 1953
Die DDR erklärt das Jahr 1953 offiziell zum Karl-Marx-Jahr.

9. März 1953
Trauerfeier zum Tod Josef Stalins.

12. April 1953
Der Verein Dynamo Dresden wird gegründet (als SG Dynamo Dresden).

17. Juni 1953
Am 17. Juni kommt es in Ost-Berlin zu Demonstrationen gegen erhöhte Arbeitsnormen. Sie erfassen als Aufstände gegen die Parteidiktatur der SED weite Teile des Landes. Die in der DDR stationierten sowjetischen Truppen schlagen die Proteste nieder. Es gibt Todesopfer.

1. Januar 1954
Die letzten 33 Betriebe der Sowjetischen Aktiengesellschaften (SAG) werden an die DDR übergeben und in VEB umgewandelt. Mit Ausnahme der Wismut AG.

18. Februar 1954
Die Viermächtekonferenz in Berlin über die Wiedervereinigung Deutschlands scheitert.

25. März 1954
Die Sowjetunion gibt der Deutschen Demokratischen Republik ihre Souveränität zurück.

27. März 1954
Erste Jugendweihen in Ost-Berlin.

25. Januar 1955
Die Sowjetunion erklärt den Kriegszustand mit Deutschland für beendet.

14. Mai 1955
Der Warschauer Vertrag über Freundschaft, Zusammenarbeit und gegenseitigen Beistand wird auf der Warschauer Konferenz geschlossen. Albanien, Bulgarien, Polen, Rumänien, Tschechoslowakei, DDR, Ungarn und die UdSSR treten dem Pakt bei. Er soll der Sicherheit der Partnerstaaten und dem Erhalt des Friedens in Europa dienen.

26. September 1955
Das Gesetz über das Staatswappen und die Staatsflagge der DDR wird verabschiedet.

Unsere Mütter waren berufstätig, wie hier in der Hallorenfabrik in Halle.

Luft. Welches Kind findet da nicht etwas Interessantes, im Sandkasten oder Misthaufen.

Schon jetzt begannen sich die Lebenswege unter uns Dreijährigen zu trennen. Die einen wurden weiter tagsüber von einer Oma oder der Mutti betreut, die anderen gingen in einen Kindergarten. Beides hatte Vorteile. Der Kindergarten, von F. Fröbel 1840 gegründet, diente nach DDR-Lexikon der vorschulischen Erziehung in Gemeinsamkeit mit Gleichaltrigen. Der Nachteil: Wenn Mutti früh zur Arbeit ging, das konnte durchaus 7.00 Uhr sein, musste das unausgeschlafene Kind mit auf den Weg in seine Kindereinrichtung. Hier lernte der Nachwuchs früh, was es heißt, Bestandteil eines Kollektivs zu

4. bis 6. Lebensjahr

sein. Gemeinsam essen, die wenigen Spielsachen teilen, sogar gemeinsamer Toilettengang. Es wurde verordnet, wann gebastelt, gesungen, wann und wie gespielt werden konnte. Wir lernten schnell, was es heißt, „in der Reihe zu tanzen" und sich unterzuordnen. Somit eine Erziehung, die uns auf die Schulzeit und unser späteres Leben vorbereitete. Den Omakindern blieb das frühe Aufstehen erspart, dafür waren sie am Tag oft ohne ihre neuen Freunde.

In den 50er-Jahren blieben zum Glück noch viele Mädchen und Jungen in vertrauter Atmosphäre, während sich der Staat später damit brüstete, dass 90 Prozent der DDR-Kinder eine solche Einrichtung genossen hätten. In späteren Jahren wurden moderne Kindergärten gebaut, mit Spielzimmern, Schlafräumen und einem Garten ums Haus. Aber in deren Genuss kamen erst unsere Kinder.

Die stolze Roller- und Dreiradparade der Vierjährigen.

Raus mit der Maus an die Frühjahrsluft

Unsere Fantasie erschuf täglich neue Spielmöglichkeiten. Viele davon bestanden im Nachahmen der Erwachsenen. Die Puppe wurde immer wieder an- und ausgezogen. Die Kunsthaare hielten den vielfachen Kämmversuchen der kleinen Puppenmutti nicht endlos stand. Es passierte, dass sich die ganze angeklebte Perücke löste und den Blick in das klimpernde Augengestell freigab. Dann gab es nicht einfach eine neue Puppe, sondern Skalp und

Puppe wurden fürsorglich eingepackt und in die Klinik zu Doktor Pille gebracht. Der Wunderarzt konnte fast alles heilen. Zu Weihnachten oder zum Geburtstag strahlte sie wieder mit einer neuen Frisur. Unbeschwerte Kinderzeit: Aus uns Mädchen und Jungen wurden Forscher, Abenteurer, Puppenmuttis, Zugführer, Baumeister, Kletterkünstler.

Ließ es das Wetter zu, spielten wir im Freien. Autos waren Mitte der Fünfziger noch rar, sodass die Eltern uns Kinder unbesorgt auf die Straße lassen konnten. Der Kreisel stand bei uns hoch im Kurs, ganz gleich, ob wir Mädchen oder Jungen waren. Er war aus Holz. Dazu gab es eine Rute mit Lederband. Diese wurde um den Kreisel gewickelt, ruck, zuck abgezogen, und die Spitztüte aus Holz drehte sich, wurde gepeitscht, damit der Kreisel möglichst lange trudelte.

Mit den Rollern und Dreirädern trugen wir Wettkämpfe aus. Es passierte schon öfter, dass der kleine Rennfahrer den Gehweg vermaß. Ramponierte Knie waren hauptsächlich ein Markenzeichen der Jungen. Wir Puppenmütter führten stolz unsere Babys aus. Das Püppchen lag in einem Monstrum von Puppenwagen. In diesem waren zwar einst Kohlen transportiert worden, aber die ganze Familie war damit befasst, aus dem alterschwachen Gefährt einen respektablen Ausfahrwagen zu gestalten. Die Räder eierten zwar immer ein wenig, aber das störte weder die Puppenmutti noch das Puppenbaby. Für Jungen und Mädchen gleichermaßen ließ sich ohne Aufwand vortrefflich Verstecken spielen. „Eins, zwei, drei, vier Eckstein, alles muss versteckt sein", rief ein Mitspieler. Die anderen rannten los, um sich irgendwo unsichtbar zu machen. Noch vorhandene Ruinen und verwilderte Grundstücke boten idealen Schutz.

Ruhe, Vater lernt!

Viele Mütter und Väter hatten in den Kriegswirren, auf der Flucht und durch Vertreibung ihre beruflichen Ziele nicht verwirklichen können. Um studieren zu können, fehlte ihnen das Abitur. Die DDR richtete 1949 Arbeiter- und Bauern-Fakultäten ein, auf denen das Abitur erworben werden konnte. Der Staat wollte sich so seine eigene sozialistische Intelligenz schaffen. Diese ABFs gab es an Universitäten in Rostock, Greifswald und der Bergakademie Freiberg (Sachsen).

Viele Kinder unserer Generation können sich an das Bild des lernenden Vaters oder der lernenden Mutter erinnern. Aus Müttern wurden später Neulehrerinnen, aus Kriegsheimkehrern Ingenieure. Berühmtester Absolvent einer solchen ABF ist der Schriftsteller Hermann Kant, der diesen Einrichtungen in seinem Bestseller „Die Aula" ein Denkmal gesetzt hat.

Der siebte Tag

Der siebte Tag in der Woche war für die Familien der einzige freie Tag, denn der Samstag gehörte noch zur Arbeitswoche. Die Stadtfamilie ging gemeinsam ins Grüne. Dazu wurden wir leider herausgeputzt. In unserem Sonntagsstaat, die Mädchen mit weißen Strümpfen und einem hübschen Kleidchen, waren wir, bis der Ausflug begann, zur Bewegungslosigkeit verdammt. Denn wir sollten uns natürlich nicht schmutzig machen. Welch eine Qual für ein lebhaftes Kind! Mutti zog das Kostüm

Nur wir Kinder bekamen während des Ausflugs eine Bratwurst, die Eltern aßen zu Hause.

Für den Spaziergang fein herausgeputzt, waren wir froh, wenn wir wieder unsere Alltagskleidung tragen und spielen gehen durften.

an, drapierte sich ein fesches Hütchen ins Haar. Vater ging im Anzug mit Hemd und Krawatte, natürlich oft auch mit Hut. Für uns Kinder bedeuteten diese Ausflüge in den nahen Stadtpark nicht gerade ein Vergnügen. Sie waren uns einfach viel zu langweilig. Eingekehrt wurde nur ganz selten. Zu Hause wartete der selbst gebackene Sonntagskuchen. Das war preiswerter. Aufs Geld wurde mächtig geschaut. Mutter führte sogar ein Haushaltsbuch, in das fein säuberlich alle Ausgaben eingetragen wurden. Am Monatsende sollte etwas vom Lohn für dringende Anschaffungen übrig bleiben. Trotz knapper Kassen in allen Haushalten begann das Leben fröhlicher zu werden.

Die Erwachsenen pflegten wieder Geselligkeit und setzten sich an den Wochenenden in gemütlicher Runde mit dem damaligen Lieblingsgetränk Bowle zusammen. Das Obst dazu kam je nach Jahreszeit aus dem eigenen Garten, der Wein wurde ebenfalls in großen Ballons im eigenen Keller gekeltert.

Feldarbeit war Schwerstarbeit.

Landkinder hatten es gut, oder?

Aus Sicht der Stadtkinder hatten es die Landkinder viel besser. Vieh und Ernte fragten nicht nach Sonntagen. Eltern auf dem Dorf hatten zumindest im Frühjahr, Sommer und Herbst keine Zeit für Promenaden. Und die Sprösslinge blieben viel sich selbst überlassen oder mussten schon bei einfachen Tätigkeiten zupacken. Sie wurden auf dem Leiterwagen mit aufs Feld genommen, spielten, während die Eltern säten, hackten, mähten und fuhren glücklich auf dem voll beladenen Erntewagen wieder mit nach Hause. Sieben Tage in der Woche. Für den Hunger zwischendurch mussten sie sich nur bücken oder recken. Äpfel, Stachelbeeren, Johannisbeeren, Pflaumen wurden direkt vom Baum oder Busch in den Mund gesteckt. Wer kann sich nicht daran erinnern, nach dem Genuss unreifen Obstes mit fürchterlichem Bauchweh und einer Wärmflasche im Bett gelegen zu haben? Der Schwur „Nie wieder!" hielt nur so lange, bis die Bauchschmerzen vergangen waren.

Die Landkinder hatten etwas, worum sie manches Stadtkind glühend beneidete: Tiere. Den Hofhund Bello, Katzen, Kaninchen, Hühner, die sie teilweise schon selbstständig fütterten, aber auch mit ihnen spielen und schmusen durften. Gab es sonntags Kaninchenbraten, rannte bestimmt ein Familienmitglied zum Stall. Oh, Max fehlte. An diesem Tag fiel das Essen für die Kinder vegetarisch aus.

Koffer packen

Einen Platz in einem FDGB-Ferienheim oder einem Heim des Betriebes, in dem Vater oder Mutter arbeiteten, zu ergattern war ein Fünfer im Lotto. Die Zusatzzahl hieß ein Platz an der Ostsee. Gehörte die Familie zu den Auserwählten, war die Freude groß. Für vierzehn Tage Koffer packen. Ein verschwindend geringer Teil an DDR-Familien reiste Mitte der 50er-Jahre mit einem eigenen Auto. Die Züge waren voll. Die Väter standen bei langen Fahrten meist die halbe Nacht im Gang, damit wir auf Mutters Schoß und Vaters Sitzplatz schlafen konnten. Die Ferienheime hätten nach Hotelkategorie keinen Stern bekommen. Gemeinschaftlich wurde wie auf dem Campingplatz geduscht oder sich gewaschen und das einfache Essen eingenommen.

Ein Luxus: Urlaub an der Ostsee oder im Thüringer Wald.

Die Zimmer waren karg möbliert. Oft wurden vom FDGB bei den Einheimischen des Ferienortes Stuben angemietet, in denen die Feriengäste untergebracht waren. Diese Zimmer waren meist noch spartanischer. Auf dem Hof befand sich das Örtchen mit Herz in der Tür und Wasser gab es von der Pumpe, natürlich nur kalt.

Eine Fassbrause, möglichst mit Himbeer- oder Waldmeistergeschmack oder ein Tütchen Eis waren für uns Kinder ganz besondere Leckereien, die es auch im Urlaub durchaus nicht täglich gab. Vater leistete sich mal ein Bier, Mutter einen Bohnenkaffee. Die ganze Familie genoss den bescheidenen Luxus. Jeder wusste, dass auf dem Ferienvergabeplan seines Betriebes in den nächsten Jahren andere Kollegen dran waren. Vater und Mutter hatten die Möglichkeit, sich in den kommenden Jahren bei Bauern oder Fischern privat einzuquartieren oder mit dem Zelt zu reisen.

Was Hänschen nicht lernt ...

... lernt Hans nimmermehr. Diesen Spruch nahmen unsere Eltern allzu ernst. Kaum standen wir einigermaßen sicher auf den eigenen Beinen, ging es los mit den Erziehungsmaßnahmen. „Der Teller wird abgegessen", war eine davon. Egal ob es schmeckte oder nicht. Eltern und Großeltern hatten jahrelang gehun-

Unsere Hauptbeschäftigung war es zu spielen. Hier beim Kinderfasching.

gert. Sie waren nun der Meinung, dass wir alles essen sollten, was die Erwachsenen uns auf den Teller legten. Mit „Gib das schöne Händchen …" wurden wir ermahnt, Erwachsene mit der rechten Hand zu begrüßen. Natürlich lernten wir einen Knicks oder Diener zu machen. Die armen Linkshänder wurden mit drakonischen Maßnahmen gezwungen, die rechte Hand zu benutzen. Wir lernten, Bitte und Danke zu sagen, wenn wir etwas bekommen wollten. Beim Essen war Funkstille, waren Freunde oder Nachbarn zum Kaffeekränzchen eingeladen, plapperten wir nur, wenn wir gefragt wurden. Für eine Verfehlung durfte man sich eine Viertelstunde lang das Muster der Tapete in einer Zimmerecke einprägen. „Stell dich in die Ecke", hieß das. Manchmal gab es auch Stubenarrest.

„Messer, Gabel, Schere, Licht, dürfen kleine Kinder nicht." Mit diesem Spruch wurde eigentlich alles zusammengefasst, was für uns tabu war. Der frühkindliche Nachahmungsdrang, der Wunsch, Mutti, Omi oder Vati zu helfen, entwickelt sich bekanntlich in diesem Alter. Besonders wir Einzelkinder wurden aus heutiger Sicht zu selten mit häuslichen Pflichten betraut. Das Spielen blieb für uns die absolute Hauptbeschäftigung. Und so lernte manchmal erst Hans, was Hänschen noch nicht durfte.

Als Erziehungshilfe wurde in vielen Familien der „Struwwelpeter" eingesetzt, ein für viele von uns erschreckendes Erziehungsmittel. Heinrich Hoffmann hatte dieses Bilderbuch bereits 1844 für seine kranken Kinder gezeichnet und geschrieben. Grausam bestraft wurden in den Geschichten unartige Buben oder Mädchen. Dem Daumenlutscher werden in einem Horrorszenario die Daumen mit der Schere abgeschnitten. Der Suppenkaspar, der seine Suppe nicht isst, stirbt. Paulinchen, die mit Streichhölzern spielt, verbrennt. „Kindlicher Rassenhass" endet im Tintenfass. Und der Tierquäler wurde vom Hund gebissen.

4. bis 6. Lebensjahr

Auf der Frühjahrsmesse in Leipzig wurden die modischen Neuheiten für das eigene Heim präsentiert.

Schöner Wohnen

Am 10. Dezember 1953 beschloss der damalige Ministerrat der DDR eine Verordnung über die weitere Verbesserung der Arbeits- und Lebensbedingungen der Arbeiter und Angestellten. In der DDR wurden Arbeiterwohnungsbaugenossenschaften (AWG) gegründet. Dies waren auf Betriebsbasis geschaffene freiwillige Zusammenschlüsse von Werktätigen zum genossenschaftlichen Wohnungsbau. Sie bekamen Unterstützungen vom Staat. So erhielten die AWG staatliches Bauland unbefristet zur Verfügung gestellt. Die Erschließungsarbeiten wurden übernommen, zinslose Kredite gewährt. Die Mitglieder einer AWG erbrachten eigene Arbeitsleistungen. Der Genossenschaftsanteil eines Mitglieds errechnete sich nach der Größe der Wohnung und der Anzahl der geleisteten Arbeitsstunden. Und diese neuen Wohnungen waren mit Bädern ausgestattet.

„Bahn frei, Kartoffelbrei!"

Es gab ihn noch, den richtigen Winter. Er malte Eisblumen an die Fenster. Selbst in der Stadt blieb der Schnee liegen. Schlittenzeit. Der Holzschlitten wurde aus dem Keller geholt. Vater wachste die Kufen und los ging es. Wir Flachlandtiroler nutzten den kleinsten Berg für unsere Abfahrtsrennen. Oder einen noch nicht beseitigten Trümmerberg. Meist waren es nur kurze Abfahrten und dann stapften wir wieder hinauf und los ging es erneut mit dem Ruf „Bahn frei, Kartoffelbrei". Dazwischen wälzten wir uns im Schnee, bombardierten uns mit Schneebällen. Die Ohren wurden langsam rot, die Mütze war bei dem Getobe längst verrutscht, die Fäustlinge nass und Finger und Füße steif. Wir haben schnell begriffen, warum Mutti unsere Händchen erst in kaltes Wasser tauchte und dann rubbelte. Wenn wir kleinen Schneemänner wieder so recht und schlecht aufgetaut waren, gab es eine Tasse heißen Kakao mit einem Butterbrot. Danach schliefen wir schnell ein, hoffend, dass die weiße Pracht noch lange erhalten bleibt.

So viel Heimlichkeit in der Weihnachtszeit ...

Die Tage wurden kürzer. Mit dem schwindenden Licht kamen die Kerzen. Schummerstunde, Erzählstunde, Märchenstunde. Vater war unsichtbar. Er besuchte den Weihnachtsmann. Gemeinsam mit dem Rotgewandeten mit dem langen weißen Bart arbeitete er in Kellern, in Schuppen, auf Böden und in geheimnisvollen Zimmern, die wir kurz vor Weihnachten nicht betreten durften.

Ein reich bestückter Gabentisch für die ganze Familie.

4. bis 6. Lebensjahr

„So viel Heimlichkeit in der Weihnachtszeit ...", dieses Lied hatte Bedeutung. Der alte Mann aus Himmelpfort zimmerte nach unserem kindlichen Glauben Puppenstuben, baute bescheidene Eisenbahnen auf. Sogar Frauenarbeit verrichtete er und stichelte neue Kleider fürs Puppenbaby. Spannung und Vorfreude lag in der Luft.

Zentraler Familientreffpunkt in der Adventszeit war die Küche. Plätzchen und Stollen wurden gebacken. Mit roten Wangen durften wir Kinder mit Förmchen aus dem Teig Sterne und Herzen stechen. Mit noch ungeübter Hand kamen die kleinen Kunstwerke auf ein Blech. Wir waren stolz wie die Könige, im Kreis der Großen mitarbeiten zu dürfen.

Der Heilige Abend: Vater schmückte den Baum. Mutter durfte die Kugeln zureichen und das dünne billige Lametta aus dem Vorjahr entwirren. Echte Kerzen wurden aufgesteckt mit der Ermahnung, ja nicht zu nahe an sie heranzugehen. Ein Eimer mit Wasser für den Ernstfall stand neben dem Baum.

Wie lange dauert es denn noch bis zur Bescherung? Erst tranken die Erwachsenen in aller Ruhe Bohnenkaffee. Diese Kaffeestunde zelebrierten sie trotz unserer Ungeduld. Mit der Handmühle wurden die Bohnen frisch gemahlen. Es durfte zum Festtag mal etwas stärker aufgebrüht werden. Den Blümchenkaffee gab es wieder alltags. Dazu kam das kalorienarme Weihnachtsgebäck, dem Zutaten wie Rosinen, Orangeat, Mandeln fehlten. Dann endlich. Die Kerzen wurden angezündet. Der nachbarliche Weihnachtsmann polterte an der Tür. Bescherung. Vor Schreck saß das Gedicht nicht mehr. Aber der alte Mann hatte ein Herz für Kinder und immer etwas im Sack. Auch wenn viele von uns vor dem Weihnachtsmann gehörig Respekt hatten, erkannten wir doch oft Onkel Klaus oder den Nachbarn unter seinem Kostüm. Aber die kindliche Seele wollte sich den Glauben an den guten Geschenkeverteiler nicht nehmen lassen. Und dann packten wir mit bangem Herzen – ob er wohl die Wünsche erraten hat? – aus.

Der Feind im Wohnzimmer

RIAS (Radio im amerikanischen Sektor) war der stärkste Rundfunksender in Europa. Mit Begeisterung hörten die Eltern zu, wenn einer der heute legendären Ratesendungen übertragen wurde, die Hänschen Rosenthal moderierte. Der „Feindsender" RIAS konnte in der ganzen DDR empfangen werden, weshalb dessen Ausstrahlung vonseiten der DDR massiv gestört wurde.

1954 richtete der Rundfunk der DDR seine zentrale Anstalt in der Berliner Nalepastraße ein. Es gab den Sender Radio DDR 1 und 2, den Berliner Rundfunk (regional für die Hauptstadt), die Stimme der DDR, DT 64 und einige regionale Ferienprogramme. Alle Programme wurden in Berlin produziert.

Später, mit einem eigenen Fernsehapparat in der Wohnstube, wollte man natürlich auch die Sendungen jenseits des „Eisernen Vorhangs" sehen. Ochsenkopfantenne war die offizielle Bezeichnung für Antennen, mit denen der Empfang des Westfernsehens möglich war. Aus Angst vor Repressalien versteckten sie viele Familien im Haushalt oder unter dem Dach. Kurzzeitig gab es eine Kampagne, bei der die Genossen,

Heinz Quermann, Rundfunk-, später auch Fernsehmoderator, wird Kulenkampf des Ostens genannt.

vorrangig auch Lehrer, aufgefordert wurden, diese Antennen abzugeben. Das taten sie dann auch, aber meist erst, wenn ein neuer, besser getarnter Ochsenkopf vorhanden war.

Zuckertüte, Einmaleins und **Frösi**

1959

Zuckertüten versüßten uns den
ersten Schultag.

Endlich Schulkind

Knecht Ruprecht hat, bevor er sich
zur Ruhe begibt, den Zwergen eine
Zwiebel mitgebracht. Die kleinen
Männchen bekommen den Auftrag,
diese Wunderzwiebel im Wald
einzupflanzen. Das mit den ersten
Sonnenstrahlen wachsende Bäumchen trägt bald Früchte, aus denen
bei fleißiger Pflege der Zwerge ein
wunderschöner Zuckertütenbaum

Chronik

1. März 1956
Nach einem Volkskammerbeschluss vom 18. Januar 1956 wird die Nationale Volksarmee gegründet. 1962 erfolgt die Einführung der allgemeinen Wehrpflicht.

23. Oktober 1956
Der Aufstand von Ungarn wird von der Sowjetunion militärisch niedergeschlagen.

28. April 1957
Der „Deutsche Turn- und Sportbund" wird gegründet.

4. Oktober 1957
Die Sowjetunion schießt den ersten „Sputnik" in den Weltraum. Sie löst damit in den USA das Wettrennen im Kampf um das Weltall aus.

15. Oktober 1957
Die DDR und Jugoslawien nehmen diplomatische Beziehungen auf.

11. Dezember 1957
Die DDR beschließt ein Passgesetz, um die Zahl der Westreisen zu reduzieren. Die Republikflucht wird kriminalisiert.

29. Mai 1958
In der DDR werden die Lebensmittelkarten abgeschafft.

27. Oktober 1958
Ost-Berlin wird zum Hoheitsgebiet der DDR erklärt.

1. Januar 1959
Fidel Castro ergreift die Macht auf Kuba.

3. Juni 1959
Die Volkskammer beschließt ein Gesetz über Landwirtschaftliche Produktionsgenossenschaften (LPG). Damit beginnt die Kollektivierung der Landwirtschaft.

27. September 1959
Der sowjetische Regierungschef Chruschtschow verkündet das Prinzip der „friedlichen Koexistenz" von Ost und West.

7. Oktober 1959
Zum 10. Jahrestag der DDR wird die neue Fahne vorgestellt: schwarz rot-gold, in der Mitte befindet sich das Emblem mit Hammer, Zirkel und Ährenkranz.

Die fleißigen Zwerge ernten die Zuckertüten.

entsteht. Er kann die vielen bunten Tüten kaum tragen. Die kleinen tüchtigen Gärtner aus dem Zwergenland ernten diese Tüten und bringen sie zu Ostern zu den Kindern, die eingeschult werden.

„Der Zuckertütenbaum" von Richard Heinrich aus dem Jahr 1928 hat vielen von uns die Wartezeit auf den ersten Schultag verkürzt. Galt die Vorfreude mehr den Schultüten oder dem ersten Schultag?

„Hurra, ich bin ein Schulkind und nicht mehr klein …" Jedes Kind in Stadt und Land fieberte dem September entgegen. In der DDR wurden die ABC-Schützen nicht mehr Ostern, sondern am 1. September eingeschult.

Sogar der Teddy wurde eingeschult.

Unseren ersten Gang auf dem neuen Lebensabschnitt begleiteten Eltern, Tanten, Onkel, Omas und Opas. Sie trugen die Zuckertüten, auf unserem Rücken saß einen nagelneuer Ranzen und um den kleinen Hals baumelte die Brottasche. So spazierten wir ABC-Schützen ins Schulhaus. Nach einer Feier in der Aula, so die Schule denn eine hatte, und der ersten Schulstunde wurden wir zum Fest im Familienkreis entlassen. Dann ging es endlich ans Auspacken der Tüten: Wir fanden Süßigkeiten, Malstifte und nützliche Kleinigkeiten für den Unterricht. Der erste richtige Schultag am nächsten Tag konnte kommen.

Auf dem Land gab es in kleinen Orten noch die Mehrklassenschule. In einem Unterrichtsraum wurden Kinder mehrerer Altersstufen unterrichtet. Da konnte es schon passieren, dass die erste Klasse aus nur einem Neuling bestand. Kam das Landkind aus der Schule, dann hieß es oft den Ranzen in die Ecke zu werfen und zuerst in der Landwirtschaft mit anzupacken. Schularbeiten konnten erst am Abend gemacht werden. Das änderte sich erst mit Einführung der Landwirtschaftlichen Produktionsgenossenschaften (LPG).

1+1=2

Das neue Leben begann morgens um acht Uhr. Die Eltern der Schulneulinge organisierten am Anfang „Bring- und Abholdienste" für uns Kleine, denn die älteren Geschwister hatten oft einen anderen Stundenplan.

Mit dem Griffel kratzten wir ungelenk die ersten Buchstaben auf die Schiefertafel mit schwarzgrünem, liniertem Tableau. Gelang der Buchstabe noch nicht, wurde der Fehler mit einem feuchten Schwämmchen beseitigt. Wir lernten, dass 1+1=2 ist. Buchstabe um Buchstabe fügte sich zu Worten. Dann folgte ein Bildchen. Schon bald konnten wir in unserer Fibel ganze Sätze lesen, wie Mama am Tisch, Nina am Schrank. Mit jedem neuen Buchstaben, der sich zu einem Wort fügte, wuchs der Drang, endlich selbst zu lesen. Bereits auf dem Zeugnis des ersten Schuljahres bewerteten die Lehrer unsere Leistungen mit Noten. Die ersten Schuljahre haben den meisten von uns Spaß gemacht. Wir kannten keine Prügelstrafe. Ein Stöckchen als Erziehungsmethode war unseren Lehrern fremd. Als größter Tadel galt, wenn ein Kind vor der ganzen Klasse in die Ecke gestellt wurde, um sich zu schämen.

Die erste selbst geschriebene und gezeichnete Geburtstagskarte.

7. bis 10. Lebensjahr

Die Schule macht Spaß!

Oder es bekam einen Eintrag ins Hausaufgabenheft. Dieser musste dann von den Eltern unterschrieben werden. Aber auch das kam in den ersten Jahren nur selten vor.

Ach, war das schön, wenn eine Stunde ausfiel. Entweder hieß das, eher nach Hause zu gehen oder länger zu schlafen. Für die meisten von uns war es jedenfalls so. Denjenigen, die schon einen Kindergarten besucht hatten, brachte der Stundenausfall nichts. Sie gingen direkt von der Schule in den Hort. Der war meist im gleichen Raum, in dem der Unterricht stattfand. Sie aßen in der Schule, machten unter Aufsicht einer Lehrerin ihre Hausaufgaben. Ihr Abenteuerspielplatz war ganztägig der Pausenhof. Sie mussten sich gedulden, bis sie endlich am Nachmittag von einem Erwachsenen abgeholt wurden. Der Hort glich in den ersten Jahren eher einer kasernierten Beaufsichtigungsstätte als einem Platz zum fröhlichen Spielen. Und jeder war froh, nach der Schule endlich nach Hause gehen zu dürfen.

Teddy Brumm

Endlich eigene Bücher lesen. Die Leseleidenschaft wurde im Leseland DDR schon früh gefördert. Es gab wunderschöne Kinderbücher. Zu den beliebtesten unserer Generation gehörten „Teddy Brumm" (noch heute erhältlich). Wie haben wir mit „Teddys Abenteuer" mitgefiebert. Viele der Bücher hatten didaktische Aufgaben, die in hübschen

Liebe Kinder, hört die Mär
von dem kleinen Teddybär,
der sich nachts im Wald verlief
und dort ganz alleine schlief.
Doch nun gebt erst einmal acht,
was der Klaus mit Teddy macht.

Geschichten kindgerecht verpackt waren. „Puppenstadt" vom ungarischen Corvina-Verlag gehörte bei den Mädchen zu den Lieblingsbüchern.

Die einzelnen Geschichten erzählen vom Alltag der Puppenkinder in der Schule, wie sie Mutti helfen oder in Urlaub fahren. Bücher wurden untereinander getauscht, um möglichst viele lesen zu können. Später gingen wir in eine Kinderbibliothek. Die Ausleihe war kostenlos. Es gab sogar spezielle Kinderkalender, deren Titelfiguren das beliebteste Spielzeug für Jungen und Mädchen war. „Teddy und Teddine", herausgegeben vom VEB Volkskunstverlag Reichenbach i. V. haben uns mit Bildern und Gedichten durch das Jahr begleitet. Viele Geschichten waren auf das Leben in der DDR zugeschnitten.

„Der Teddy schwingt die Sense,
es fällt das Gras beim Schnitt,
Teddine mit dem Rechen
hält hinter Teddy Schritt.
Die Sonne brennt den beiden
aufs braune Fell gar sehr,
Teddine meint ganz richtig:
„Die MTS muß her!
Mit Traktor und dem Mäher
wird alles schnell geschafft
und außer vielen Stunden
da sparen wir noch Kraft."
(Teddy und Teddine, Kalender 1958,
Titelblatt)

Wir hatten also gelernt, dass eine MTS (eine Maschinen-Traktoren-Station) eine sozialistische Errungenschaft ist, bei der die Bauern gemeinsam Technik für ihre Ernte nutzen. Und wir Stadtkinder liebten Tiergeschichten, zum Beispiel von dem beliebten Autor Günther Feustel „Tiere sind unsere Nachbarn".

Geliebte Digedags

Auflagenstarke Kinderzeitungen erfreuten sich bei den DDR-Kindern und Jugendlichen großer Beliebtheit. Wer kannte nicht die Digedags aus der langlebigsten beliebten deutschen Comiczeitschrift „MOSAIK"? Von 1955 bis 1975 erschienen 223 Ausgaben, in denen die Digedags die Hauptrolle spielten. 1976 wurden sie von den Abrafaxen abgelöst. Ebenfalls 1955 erschien das erste monatlich erscheinende Magazin „ATZE".

Schon 1953 kam die erste „FRÖSI" (Fröhlichsein und Singen) auf den Markt. Das monatlich erscheinende Magazin für Pioniere enthielt Wissenswertes zu Politik, Kultur, Natur und Anleitungen für Basteleien. 1958 kam die „Trommel" hinzu. Die Grundschüler der 1. bis 3. Klasse liebten ihre „ABC-ZEITUNG" mit den Figuren Rolli, Flitzt und Schnapp. Die ganz Kleinen ließen selbst noch nach der Wende aus „BUMMI" vorlesen.

Das blaue Halstuch

Die Aufnahme in die Pionierorganisation war ein Höhepunkt unseres bisherigen Lebens. Die Mitgliedschaft war freiwillig.

Seit 1958 waren zirka 50 Prozent der Schulkinder in der Pionierorganisation „Ernst Thälmann" organisiert. Zum ersten Mal erhielten wir einen Ausweis! Zu Pioniernachmittagen durften dann die weiße Pionierbluse mit dem Abzeichen der Kinderorganisation auf dem Ärmel und das blaue Halstuch getragen werden. Der Mittwochnachmittag gehörte den blauen Halstüchern. Wir bastelten gemeinsam, zum Beispiel Geschenke für die Mutti zum Internationalen Frauentag. Wir übten kleine Programme ein, die wir vor unserer Patenbrigade in einem Volkseigenen Betrieb aufführten. Wir unternahmen Exkursionen. Wir waren stolz darauf, junge Pioniere zu sein. Ab und zu zogen wir mit dem Handwagen von Haus zu Haus. Zwei Freunde oder Freundinnen machten gemeinsam eine Straße „unsicher". An jedem Namensschild wurde geklingelt. „Haben Sie Flaschen, Altpapier, Lumpen?" Die Erwachsenen halfen uns Kindern, die Wagen zu füllen. Bei der Altwarenannahmestelle wurden Flaschen gezählt, Papier und Lumpen gewogen und wir bekamen Geld dafür. Die Lehrer erklärten uns Knirpsen, dass die Arbeiter in den Fabriken diese Dinge brauchen, um daraus neue zu machen. Ein großer Teil des gesammelten Geldes ging in die Kasse der Pionierorganisation. Davon wurden Ausflüge und Material für Bastelein bezahlt.

Mit „Zerrwanst" und Badeanzug

Die staatlichen Sport- und Freizeitangebote kosteten kein Geld. Musikunterricht war selbstverständlich und nicht etwa das Privileg begüterter Eltern. Eine Anmeldung in der Musikschule, sogar ein eigenes Akkordeon und schon ging es los mit Tonleitern, dem Notenlernen und dem ersten „Hänschen klein". Leider waren einige von uns recht unmusikalisch und die Lust täglich zu üben, war schon gar nicht vorhanden. Das Akkordeon wurde verkauft.

Das nächste Hobby hieß Schwimmsport. Ein Badeanzug war ja zum Glück schon vorhanden. Von den ersten ausdauernden Schwimmstößen, die samt Köpper (Kopfsprung) ausreichten das Freischwimmerzeugnis zu erwerben, ging es zum regelmäßigen Training. Die damalige Volksschwimmhalle ersetzte

im Winter das Freibad. Das Wasser war ziemlich kalt, die Scheiben undicht. Aber erkältet haben wir uns nicht. In die kleinen Sportvereine kamen manchmal Trainer zu Besuch. „Gute Wasserlage, hervorragende Wende", diese Worte verstanden wir gut. Konnte es doch heißen, größerer Verein, vielleicht zur Pionierspartakiade (später Kinder- und Jugendspartakiade und vielleicht sogar auf die KJS (Kinder- und Jugendsportschule) zu kommen. Das Netz, mit dem aus der Masse der vielen Volkssportler Talente herausgepickt wurden und gefördert werden sollten, war so engmaschig, dass den Sportfunktionären kein künftiger Weltmeister entging. Wir anderen, die nie auf einem Treppchen landen würden, übten unseren Lieblingssport weiter aus, bis wir auch daran die Lust verloren und einem anderen Hobby nachgingen.

Es flimmert in DDR-Haushalten

Das neue Möbelstück war ein riesiger tiefer Kasten. Ihm wurde ein Ehrenplatz zugewiesen und er wurde so aufgestellt, dass ihn jedes Familienmitglied gut sehen konnte. Der erste Fernseher kam in den Haushalt. Noch war das Bild nicht größer als eine Postkarte und nur schwarz-weiß. Kino im Kleinformat ohne Eintrittskarte. Fernsehgeräte waren noch längst nicht in jedem Haushalt selbstverständlich. Deshalb wurde die Hausgemeinschaft zu Fernsehabenden eingeladen. Sessel, Stühle, Küchenhocker – alle Plätze waren besetzt, wenn ein spannender Film angesagt war. Für uns Kinder war das Fernsehgerät die Errungenschaft schlechthin. Aber auch eine Stolperfalle in der Schule. „Hat die Uhr vor den Nachrichten Striche oder Punkte?", fragte die Lehrerin scheinheilig die unbedarften Kinder.

In vielen DDR-Haushalten wurde vorwiegend das Westprogramm gesehen. Die einzig mögliche Antwort – Punkte – war uns zu Hause genau eingehämmert worden. Denn die DDR-Uhr hatte Punkte, die West-Uhr Striche. Die Dresdner hatten es in dieser Hinsicht „besser". Sie gehörten, wie es gern hieß, zum „Tal der Ahnungslosen". Die ARD erreichte ganz Deutschland, aber eben nicht jenen östlichsten Zipfel.

Sonntags um elf Uhr hatte einer in der Familie Dienst, meist der Vater. Er bewaffnete sich mit Zetteln und einem Stift und schrieb und schrieb. Das West-Fernsehprogramm der kommenden Woche wurde in der ARD vorgestellt. Schön langsam kam für jeden Tag die Programmübersicht über den Bildschirm. Sicher war diese Sendung ausschließlich für die Leute im Osten gemacht. Dann wurde die selbst gefertigte „Fernsehzeitung" unterm Fernseher, möglichst nicht sichtbar, aufbewahrt.

Waldemar Cierpinski, geb. 1950, der berühmte Marathonläufer.

Sportnation

755 Olympiamedaillen, davon 203 Olympia-Goldmedaillen gingen in die DDR. Sie hatte 768 Weltmeister und 747 Europameister. Von 1952 bis 1964 starteten die DDR-Sportler in einer gesamtdeutschen Mannschaft, von 1968 bis 1988 als eigene DDR-Mannschaft. Aus dem Jahrgang 1950 sind zwei Weltklasseathleten hervorgegangen – Waldemar Cierpinski (Marathonläufer) und Roland Matthes (Schwimmer).

Die Kinder- und Jugendsportschule wurde 1952/1953 durch das Ministerium für Volksbildung geschaffen. Die ersten KJS entstanden in Berlin, Brandenburg, *Halberstadt und Leipzig. Bis Ende 1959 wuchs ihre Anzahl auf 23. Bekannte Sportler wie Henry Maske (Boxen), Katarina Witt (Eiskunstlauf) und Gunda Niemann-Stirnemann (Eisschnelllauf) haben in diesen sportlich orientierten Schulen ihre Karriere gestartet.*

DAS Paket

Hält er oder hält er nicht? Wenn der Paketwagen durch die Straßen rollte, standen wir Kinder am Fenster. Ein Stoßgebet wurde zum Himmel geschickt. Lass die gelbe Postkutsche vor unserem Haus halten und den Paketboten bei uns klingeln. Natürlich mit einem Karton aus dem Westen. Kam wirklich ein Päckchen, stand es auf dem Küchentisch, bis abends die ganze Familie versammelt war. Erst dann durfte ausgepackt werden. Das Auswickeln ging uns Kindern nicht schnell genug. Das gute Geschenkpapier aus dem Westen glättete die Mutter gleich zur Wiederverwendung und rollte die Schleifen fein säuberlich auf.

Manchmal war für uns Kinder die Enttäuschung zunächst groß. Da kamen zuerst ein Stückchen Lux-Seife oder ein Paket Albrecht-Kaffee für die Eltern zum Vorschein. Es folgten Strümpfe aus Perlon für die Mutter. Aber dann! Der Sarottimohr mit Vollmilch und Nuss, ein Marzipanbrot und der begehrte Kaugummi lachten uns an. Manchmal kam es auch vor, dass ganz unten etwas lag, was gesondert eingepackt war. Die Freude war riesig, wenn es ein Petticoat war, ein hübscher Pulli oder ein besonderes Buch, wie Kästners „Das doppelte Lottchen".

Spaß und Abenteuer

Es war kein Zufall, dass in den 60er-Jahren eine Hunderasse groß in Mode kam. Fast jedes Kind wollte einen Hund haben, der so klug und so lieb war wie Lassie. Die Abenteuer der Colliehündin gehörten zu den beliebtesten Fernsehsendungen. Gemeinsam saßen wir vor dem Fernseher und fieberten mit.

581 Serienfolgen und 14 Spielfilme wurden ab 1958 über die Abenteuer der treuen Colliehündin gedreht. Ab 1960 waren die Geschichten von Lassie und ihrem kleinen Herrchen Jeff in der ARD zu sehen.

Vom Deutschen Fernsehfunk wurde ab dem 23. September 1955 die Kindersendung „Meister Nadelöhr" ausgestrahlt. Der Meister mit der flinken Nadel übernahm darin sonntags von 15.30 Uhr bis 16 Uhr die Rolle des Geschichtenerzählers. Mit seiner Zauberelle als Gitarrenersatz leitete er das Programm ein mit dem Lied „Ich komme aus dem Märchenland …"

Samstags gegen 14 Uhr begann die Fernsehstunde mit Professor Flimmrich, ebenfalls produziert vom Deutschen Fernsehen. In ihr wurden zu Beginn der

Das Sandmännchen brachte uns ins Bett.

Sendung neue Kinderfilme vorgestellt. Danach kam ein Spielfilm, meist ein wunderschönes Märchen, wio „Das singende, klingende Bäumchen", „Die feuerrote Blume" oder „Das kalte Herz".

Wildwest für Kinder und nicht nur für Jungen kam in die Stuben mit den Abenteuern des schwarzen Hengstes Fury. Schauplatz der Geschichte war eine Ranch in Amerika. Jim Newton hatte das wunderschöne Pferd bei sich aufgenommen. Produziert worden war die Serie in den USA, ausgestrahlt wurde sie von der ARD.

Und kurz vor 19 Uhr schickte „Das Sandmännchen", beliebt in Ost und West, auf dem Kanal des Deutschen Fernsehfunks die Kinder, unterstützt von Herrn Fuchs und Frau Elster, ins Bett.

Lassie, den wollten wir alle zu Hause haben …

Aus **Kindern** werden **Leute**

Weichen fürs Leben

Nicht für die Schule, sondern fürs Leben lernen wir. Das wurde uns eingebläut. Und jeder wusste, wer auf die Erweiterte Oberschule (EOS, 12 Klassen mit Abitur) gehen möchte, hatte in der siebten und achten Klasse die entsprechenden Leistungen zu erbringen. Gelang dies nicht, blieb nur der Besuch der Zehnklassigen Polytechnischen Oberschule (POS) oder der Abgang nach der

Naturwissenschaftliche Fächer
liebten viele von uns nicht.

Chronik

1. April 1960
Der UNO-Sicherheitsrat fordert Südafrika auf, die Rassentrennung zu beenden.

1. Mai 1960
Einweihung des Überseehafens in Rostock.

2. Februar 1960
Bei einer Explosion im Zwickauer Steinkohlebergwerk Karl Marx werden 174 Bergleute verschüttet. Bei dem schwersten Grubenunglück in der DDR kommen 123 Kumpel ums Leben.

12. April 1961
Erster bemannter Raumflug. An Bord des sowjetischen Raumgefährts befindet sich der Kosmonaut Juri Gagarin.

13. August 1961
Mauerbau in Berlin. Berlin wird als Stadt durch den Bau des sogenannten antifaschistischen Schutzwalls in zwei Teile geteilt. Ab 22. August wird die Anwendung der Waffe gegen Flüchtlinge befohlen.

24. Januar 1962
Die Volkskammer beschließt die Einführung der allgemeinen Wehrpflicht.

17. Februar 1962
Im Februar 1962 brechen bei einer großen Flut in Hamburg die Deiche. Fast 80 000 Menschen müssen evakuiert werden, allein in Hamburg finden 315 Menschen den Tod.

24. Oktober 1962
Die Aufstellung sowjetischer Raketen auf Kuba löst die „Kuba-Krise" aus. Die Lage auf dem Inselstaat spitzt sich durch die Seeblockade der USA zu. 1963 wird der Konflikt beigelegt. Erst Jahre später erfährt die Öffentlichkeit, wie knapp die Welt vor einem Atomkrieg stand.

14. Januar 1963
Die Bundesrepublik bricht ihre diplomatischen Beziehungen zur DDR ab.

26. Juni 1963
John F. Kennedy bekennt sich bei seinem Westberlin-Besuch mit seinem historischen Satz „Ich bin ein Berliner" zum Status von Westberlin.

22. November 1963
John F. Kennedy wird in Dallas (Texas) ermordet.

achten Klasse, um eine Lehre zu beginnen. Doch nicht nur die Zensuren entschieden. Es kam auf die gesellschaftliche Mitarbeit an. Wer sich als Pionier in die Funktion eines Gruppenratsvorsitzenden (ähnlich Klassensprecher) wählen ließ, sogar Mitglied im Freundschaftsrat der Schule war, hatte gute Karten. Darüber hinaus wurden Arbeiter- und Bauernkinder bei der Auswahl der künftigen Abiturienten besonders berücksichtigt. Der Staat wollte seine eigene junge Intelligenz heranziehen.

Wir freuten uns auf die großen Sommerferien. Denn dann hieß es für zwei Wochen raus aus der Stadt oder dem Land und ab ins Kinderferienlager. Die großen volkseigenen Betriebe verfügten über eigene, in landschaftlich reizvollen Gegenden gelegene Einrichtungen für Groß und Klein. Am Anfang bestanden sie oft nur aus einer Barackenstadt. In den Doppelstockbetten eines Raumes schliefen bis zu zwölf gleichaltrige und gleichgeschlechtliche Kinder. In der größten Baracke wurde gemeinschaftlich gegessen. Welch ein Abenteuer! Im großen Speiseraum klapperten die Teller um die Wette. Wir wunderten uns über uns selbst. In der großen Gemeinschaft schmeckten plötzlich Gerichte vortrefflich, die wir zu Hause hartnäckig verweigerten.

Es waren schöne Tage. Wir knüpften neue Freundschaften. Wir grusel-

ten uns bei Nachtwanderungen und strengten uns an, um bei Schnitzeljagden als Sieger hervorzugehen. Wir saßen ums Lagerfeuer und sangen Pionierlieder, badeten bei schönem Wetter, spielten und bastelten. Fernab von den Eltern lernte manches Einzelkind selbstständiger zu werden. Ganz großes Glück hatten wir Kinder, die noch zusätzlich mit den Eltern verreisen konnten. Am ersten Schultag folgte dann in der Deutschstunde der obligate Aufsatz „Mein schönstes Ferienerlebnis". Da gab es schon vieles zu berichten.

Ja gowarju po russki

Das heißt übersetzt: Ich spreche russisch. Wohl kaum einer von uns kann diesen Satz guten Gewissens formulieren. Auch wenn bereits ab

Junge Pioniere beim Aufbau einer Wandzeitung.

der fünften Klasse Russisch als obligatorische Fremdsprache auf dem Stundenplan stand. Die russische Sprache mit ihren kyrillischen Buchstaben und sechs Fällen lag uns in der Mehrheit nicht. Außerdem stammten die ersten Beatgruppen nun mal nicht aus der Sowjetunion.

Elvis Presley und die Beatles sangen englisch. Aber Englisch als Fremdsprache war fakultativ und zeitlich meist so gelegt, dass der gute Pionier etwas Wichtiges versäumt hätte, wenn er zum Englischunterricht gegangen wäre. Aber trotzdem, wir wollten „I want to hold your hand" verstehen und nicht „menja sowut". Die russischen Vokabeln wurden für die Stunde, für die jeweilige Arbeit gepaukt und nicht fürs Leben. Heute muss sich mancher von uns die erstaunte Frage gefallen lassen: „Sie hatten in der Schule und während des Studiums zehn Jahre Russisch und können das nicht übersetzen?" Nein, leider nicht.

Aus heutiger Sicht legte die sozialistische Gesellschaft wenig Wert darauf, dass Mädchen kochen, backen, nähen, stricken und sticken lernten. Uns künftige Frauen auf die Aufgaben in Haushalt und Familie vorzubereiten, musste die Familie übernehmen. Dafür konnten wir an riesigen Kabeltrommeln die Kabelenden zählen, Metall befeilen, Bremsbeläge erneuern und Kartoffeln ernten. Das lernten wir im Unterrichtstag der Produktion (UTP).

UTP gab es für Mädchen und Jungen gleichermaßen. Wir sollten Achtung vor der Tätigkeit der Arbeiter und Bauern bekommen. Je nach Wohnort ging es einen Tag in der Woche zum Arbeiten in eine LPG oder einen Volkseigenen Betrieb. Die kleinen Fahrradmonteure und Baukastenliebhaber unter den männlichen Mitschülern hatten an diesen technischen Aufgaben vielleicht einen gewissen Spaß. Wir Mädchen nicht.

Ein typischer UTP (Unterrichtstag in der Produktion).

Die Kindheit und Jugend schmeckte nach „Brockensplitter". Das Haselnusskrokant in seiner typischen dreieckigen Form war eine Spezialität aus dem Harz. Der VEB Zetti Schokoladen und Süßwaren in Zeitz brachte viele typische DDR-Leckereien auf den Markt. „Bambina" (Vollmilchhülle mit einer karamellartigen Milchfüllung) und die „Schlager-Süßtafel" (eine weiße Schokolade) waren die bekanntesten Erzeugnisse. Eine Tafel gab es für 50 Pfennig.

Zu den bekanntesten Leckereien zählten die „Halloren Kugeln", produziert in Halle, in der ältesten Schokoladenfabrik Deutschlands, die in Betrieb ist.

Auf dem Heimweg von der Schule warteten im Konsum ganz preiswerte Verführungen. Ein Päckchen Brausepulver möglichst mit Waldmeistergeschmack gehörte dazu oder eine Rolle saurer Drops, die wir, keinen Gedanken an Karies verschwendend, nur so knackten oder eine kleine Stange „Pfeffis".

Die Erwachsenen aßen gern „Harzer Tröpfchen". Den Brockenlikör umhüllte eine dicke Zuckerkruste und ein dünner Schokoladenmantel. Aus Delitzsch kamen Weinbrandbohnen und ein beliebter Kasten mit Pralinen unter der Bezeichnung „Aus Meisterhand". Einige dieser Produkte gibt es jetzt auch in nachwendlichen Zeiten und sie erfreuen sich großer Beliebtheit. So rollen heute zum Beispiel jährlich 180 Millionen Halloren Kugeln vom Band.

Schlimmer als einen Sack Flöhe hüten

30 Mädchen und Jungen standen erwartungsvoll am Bahnsteig. Es ging auf Klassenfahrt. Einige Mütter boten sich an, die Lehrerin beim Hüten der 30 Flöhe zu unterstützen. „Diese Burg ist mehrere Hundert Jahre alt", erklärte die Lehrerin gerade, als sie in den Augenwinkeln sah, wie einer von uns auf dem Söller balancierte. Ein Mädchen hatte seinen Rucksack im Zug vergessen und heulte den ganzen Weg. Die Gruppe kehrte in einem Waldgasthof ein zu der obligaten Brause vom Fass mit Bockwurst. Für kurze Zeit wurde es ruhig in der munteren Gesellschaft, aber dann: Schon wieder fehlte einer! Er war auf eigene Faust in der Gegend herumgewandert. Eine helfende Mutti holte ihn zurück und versetzte ihm eine ordentliche Strafpredigt.

Für die Aufsichtspersonen ging der Stress weiter, denn als Nächstes ging's ins Freibad. Sämtliche Erwachsene, unterstützt von einem Rettungsschwimmer, zählten unermüdlich die Häupter ihrer Lieben im Wasser. Endlich war

dieser Programmpunkt überstanden, so die Sicht der Großen. Aber auch wir waren nach den vielen Eindrücken müde und bummelten auf dem Heimweg. Die Lehrerin trieb uns wie eine Schar Gänse vor sich her, ängstlich bedacht, dass keines von uns Kindern zurückblieb. Als wir alle wohlbehalten im Waggon saßen und die letzten Süßigkeiten aus dem Rucksack verspeisten, konnten die Erwachsenen durchatmen. Für uns Kinder war es ein wunderschöner Tag.

Drinnen und Draußen

Wir besaßen eine ganze Reihe Gesellschaftsspiele, die wir ausgiebig benutzten. „Mensch ärgere dich nicht" gehörte zu den Dauerbrennern, wie „Halma", „Mühle" „Domino" und „Dame". Bei den dünnen Holzstäbchen von „Mikado" war Fingerfertigkeit gefragt. Aus einem aufgestellten Pappaquarium angelten wir mit einer magnetischen Rute Fische, etwas für begabte Feinmotoriker. Kartenspiele, in denen ein Schwarzer Peter gesucht wurde, kamen ebenfalls nie aus der Mode. Babypuppe und Puppenstube wurden endgültig uninteressant und

Gemeinschaftlich spielen.

der Puppenwagen war bereits verschenkt worden. Jetzt waren Rollschuhe angesagt und wir beneideten diejenigen, die bereits welche mit Gummireifen hatten. Den Schlitten lösten Schlittschuhe und Skier ab. Im Sommer kam das Federballspiel voll zum Einsatz und auf der Straße trugen wir bis in die Dämmerung richtige kleine Spartakiaden aus.

Der Mauerbau

In der Nacht vom 12. auf den 13. August 1961 haben 5000 Angehörige der Deutschen Grenzpolizei, 5000 Angehörige der Schutz- und Kasernierten Volkspolizei, 4500 Mitglieder der Betriebskampfgruppen Straßen und Gleiswege nach Westberlin abgeriegelt. Die Teilung Deutschlands war vollzogen worden. Später wurde die Mauer mit Befestigungsanlagen und Wachtürmen gebaut. An der Grenze galt bis 1989 Schießbefehl. Die Mauer sollte 28 Jahre bestehen bleiben, sie fiel am 9. November 1989. Nach DDR- Aussagen hatte der „antifaschistische Schutzwall" die Aufgabe, den Flüchtlingsstrom von Ost nach West einzudämmen und den Grenzgängern

Ein Fleischer, der sein Geschäft in Ostberlin aufgeben musste, trägt seine Würste vorbei an den Grenzsoldaten, August 1961.

einen Riegel vorzuschieben. 1961 waren es etwa 50 000 Ost-Berliner, die legal im Westsektor arbeiteten und einen Teil ihres Arbeitseinkommens in D-Mark West ausgezahlt bekamen.

Erste Annäherungen

Ein Drahtesel erweitert nicht nur den Aktionsradius beträchtlich. Gerade die Jungen waren stolz darauf, ihr erstes eigenes Fahrzeug zu besitzen, mit dem sie zur Schule gebraust kamen. Mit einem gewissen Imponiergehabe bremsten sie knapp vor unserer Mädchengruppe und wir stoben lachend und kreischend auseinander. Unsere Geplänkel setzten wir am Wochenende am See fort.

Verstohlen schauten die Jungen zu, wie wir Mädchen uns umzogen, wobei viele von uns bereits über die begehrten weiblichen Attribute verfügten. Und als richtige Evastöchter genossen wir die Aufmerksamkeit des männlichen Geschlechts, auch wenn wir das nicht zeigten.

Die erste tragbare „Heule" (Kofferradio, meist ein „Stern 111") wurde mitgenommen, einige Greenhorns pafften ihre ersten Zigaretten. Alkohol kam ins Spiel, mancher probierte ein Bier und einigen wurde vom preiswerten GOTANO, einem Wermutwein mit tüchtigen Umdrehungen, richtig schlecht.

Die „Pube" (Pubertät) begann. Mädchen und Jungen nahmen staunend die Veränderungen an ihrem Körper wahr. Zeit für die Aufklärung in den Familien. Wir Kinder, die in den Sommerferien an einem FKK-Strand groß geworden waren, wussten, wie wir oder das andere Geschlecht in wenigen Jahren aussehen würden. Für uns waren die Unterschiede zwischen Mann und Frau etwas Selbstverständliches.

Und doch gab es kurzzeitig Phasen, in denen wir lieber mit Badeanzug unter den Nackedeis hockten und uns kaum trauten aufzusehen. Unsere Mütter und Väter beantworteten unsere Fragen, die sich aus unseren Beobachtungen ergaben. Da waren die ältere Geschwister, die wir beim Knutschen ertappten und im Fernsehen gab's zum Happy End einen Kuss, aber dann wurde abgeblendet.

Wie unverständlich mag es für einen Jungen gewesen sein, wenn sich zu den Pickeln und ersten Bartstoppeln im Bett etwas regte und die Hose des Schlafanzuges feucht wurde. Wir Mädchen träumten von unserem Märchenprinzen ohne konkrete Vorstellungen von dem Zusammenleben zwischen Mann und Frau. Wir waren in jener Zeit weder Fisch noch Fleisch, wie die Eltern oft sagten.

Eine Rennpappe kommt ins Haus

Plötzlich stand sie da – die Rennpappe. Hellblau lackiert mit braunen Sitzen. Die ganze Familie stand um ihren ersten Trabant herum. Lange genug warteten Familien auf einen fahrbaren Untersatz. Wen störte es, dass gerade hellblau vom Band lief und die Rolle mit braunem Bezugsstoff für die Sitze offensichtlich aufgebraucht werden musste? Endlich war die Familie unabhängig von Zugfahrplänen.

Der Trabi war unser ganzer Stolz.

Vater setzte sich hinters Lenkrad, Mutter spielte Beifahrerin, wir Kinder wurden auf den Rücksitz gequetscht. Ab ging es zur ersten Ausfahrt. Langsam rollte Vater aus der Parklücke, damit die Nachbarn die Errungenschaft ganz sicher sehen konnten. Stinkend und knatternd düsten wir durch die Landschaft. Kaum von der Ausfahrt zurückgekommen, wurde das gute Stück unnötigerweise wieder geputzt.

Weltweite Beatlemania

Das Beatlesfieber machte auch vor dem Eisernen Vorhang nicht halt. Die Jungs aus Liverpool hatten uns Ostler fest im Griff. Mit 1,3 Milliarden verkaufte Tonträger waren sie die erfolgreichste Band des 20. Jahrhunderts. Und sie platzten genau richtig

Die Beatles 1964 in Kopenhagen.

in unser Teenageralter. In den Jahren 1962 bis 1964 gelang den Pilzköpfen weltweit der Durchbruch. Wir drehten das Radio auf volle Lautstärke und sangen Songs mit wie „Love me do", „She loves you," „Can't buy me love", „I want to hold your hand" und andere Titel. Die Jungen ließen sich zum Leidwesen ihrer Eltern die Haare genauso wachsen wie die Beatles. Die Geister bei uns Mädchen schieden sich, ob nun Paul Mc Cartney der Süßeste ist oder John Lennon. Noch später sollten sich die Geister erneut daran scheiden, ob die Rolling Stones die Größeren seien oder die Beatles. 1963 jedenfalls fand das erste Treffen zwischen den bereits zur Kultband aufgestiegenen Beatles und den noch unbekannten Stones statt.

Es geht bergauf

Es reichte längst nicht mehr aus, die Gäste bei Familienfesten mit Kartoffelsalat und Würstchen oder ein paar belegten Broten zu verwöhnen. Der beliebte Wein „Stierblut" wich einer echten Ananasbowle. Ungarische Salami, Schweizer Käse und Thunfisch wurde in den Delikatessläden, UWUBU (Ulbrichts Wucherbuden) beschafft. Wir leisteten uns zum Anstoßen ein Fläschchen Rotkäppchen-Sekt oder einen Krim Sekt. Wenn beide Elternteile arbeiteten und einen guten Beruf ausübten, hatten sie es schon zu einem gewissen Wohlstand gebracht. Zur Wohnung gehörten nun neben dem Radio ein Fernsehapparat und ein Plattenspieler, ein Auto und eine halbautomatische Waschmaschine mit Tischschleuder.

Die Waren des täglichen Bedarfs wurden vom Staat subventioniert. Brot kostete Pfennige, Fleisch und Butter waren preiswert, ebenso Milch. Die Mieten und die Wasser- und Strompreise blieben konstant auf niedrigem Preisniveau. Die Fahrt mit einer Straßenbahn quer durch die ganze Stadt kostete gerade mal 15 Pfennig. Luxusgüter wie Kaffee, Schokolade, Kakao (den es fast gar nicht gab) oder Strumpfhosen gehörten allerdings zu den teuren Produkten.

Kleidung durfte ruhig etwas mehr kosten und dafür ging man z. B. in den „Exquisit-Laden". In diesen Geschäften gab es Salamander-Schuhe und die besseren Kleidungsstücke, die größtenteils in der DDR hergestellt wurden. Diese wurden ebenso wie regionale Produkte – am bekanntesten sind wohl die weihnachtlichen Holzschnitzereien aus dem Erzgebirge – für den Export produziert und zu Devisen „umgerubelt".

Kultobjekt „Trabant"

Von 1955 bis 1959 gab es den P70 als ersten Serien-Pkw mit Kunststoffkarosserie. Von 1957 bis 1962 wurde der Trabant P50 gebaut. Er war der erste Großserien-Pkw aus der DDR und wurde in Zwickau produziert. Das Horch-Werk in Zwickau versuchte die Tradition der Luxus-Limousine mit dem P240 Sachsenring zu pflegen. Das misslang. Der Name des Fahrzeugs ging 1957 auf den VEB Sachsenring Kraftfahrzeug- und Motorenwerke Zwickau über und wurde 1959 zugunsten des Trabants eingestellt. In den Jahren 1963 bis 1990 wurden über 2 Millionen Trabis vom Typ 601 gefertigt.

Bekanntermaßen hatte der Trabant einen Zweitaktmotor.

Die zweite einheimische Automobilindustrie befand sich unterhalb der Wartburg in Eisenach (Thüringen). 1955 wurde der erste Wartburg (Typ 311, später 312) hergestellt. Seit 1966 lief der Wartburg 353 in Serie vom Band. In der DDR wurden noch Skoda (CSSR), Moskvich (UdSSR), auch Rostkwitsch genannt, gefahren, wie der kleine Saporosch (Zappelfrosch) ebenfalls aus der UdSSR. Parteifunktionäre ließen sich mit dem geräumigen Wolga kutschieren, ganz „hohe Tiere" mit dem Tschaika.

Auf dem Bauernhof gab es immer Katzen und drolligen Nachwuchs.

Tierliebe

Kinder sind von Natur aus tierlieb und wer von uns quengelte nicht, gerade wenn er ein Stadtkind war und während eines Urlaubs auf dem Land süßen, tolpatschigen Nachwuchs sah. „Mami, lass uns ein Kätzchen mitnehmen. Ich kümmere mich auch ganz allein darum." Und so war es einigen von uns vergönnt, nicht nur ein Meerschwein oder einen Hamster zu besitzen, sondern gar einen Hund oder eine Katze zum Spielgefährten zu haben. Eine gute Schule für uns, dachten sich die Eltern. Mit einem Hund musste regelmäßig Gassi gegangen werden, die Katzentoilette war täglich zu säubern, Streicheltiere brauchten frisches Stroh – und jeder Vierbeiner natürlich sein spezielles Futter. Nun, es kam, wie es kommen musste. Es waren die Mütter, die schon nach kurzer Zeit den Familienzuwachs unter ihre Fittiche nahmen.

Vater machte es sich einfach und schaffte sich ein Aquarium an, das zeitweise als schicker Einrichtungsgegenstand galt. Der Anblick der Fische sollte die Nerven beruhigen. Wir Kinder, die mit dem Einweckglas losgeschickt wurden, um Wasserflöhe zu kaufen, konnten uns für eine Tierart, die sich nicht einmal streicheln ließ, überhaupt nicht erwärmen.

Der Doktor kommt

Hurra, eine Stunde fällt aus. Der Schulzahnarzt hat sich angesagt. Aufstellen. Oh, ein Loch im Zahn! Schon gab es einen Zettel für die Eltern, sofort mit dem Kind einen Facharzt aufzusuchen. Neben dem Zahnarzt kam regelmäßig der Schularzt in die Klassen. Plattfüße? krummer Rücken? Die Aufforderung an die Eltern, mit dem Kind beim Orthopäden vorzusprechen, war unausweichlich. Bei den Reihenuntersuchungen wurde ständig der Impfkalender kontrolliert, es war unmöglich, eine zu vergessen. Reihenuntersuchungen für Kinder und Erwachsene sowie bestimmte Berufsgruppen dienten der Früherkennung von Krankheiten und waren kostenlos. Bekannteste Pflichtuntersuchung war die jährliche Röntgen-Reihenuntersuchung.

Ein Erinnerungsfoto an die Schulklasse und unsere Lehrerin.

Wir werden erwachsen

Im Einheitslook und mit Natoplane zur Jugendweihe.

Von Natoplanen und Spargelstechern

Mit der Jugendweihe, deren Einführung 1954 vom Politbüro der SED beschlossen worden war, wurden wir am Ende des achten Schuljahres gewissermaßen in den Kreis der Erwachsenen aufgenommen. Der politische Hintergrund mit Jugendweihestunden zur Vorbereitung und der eigentliche Festakt waren für uns nur der Reisbrei, um ins Schlaraffenland

Chronik

16.-18. Mai 1964
Das letzte Deutschlandtreffen der Jugend in Ost-Berlin mit mehr als einer halben Million Teilnehmer aus beiden deutschen Staaten findet statt.

14./15. Oktober 1964
Der sowjetische Partei- und Regierungschef Chruschtschow wird gestürzt. Nachfolger werden Leonid J. Breschnew (Partei) und Alexej N. Kossygin (Regierung).

19./20. Januar 1965
Der Warschauer Pakt schlägt eine europäische Konferenz zur Sicherheit in Europa und einen Nichtangriffspakt mit der NATO vor. Das ist die Einleitung der „Entspannungspolitik" in Europa.

9. Mai 1966
In Rheinsberg wird das erste Kernkraftwerk in der DDR in Betrieb genommen.

20. Februar 1967
Die Volkskammer verabschiedet ein Gesetz über die Staatsbürgerschaft der DDR. Es löst die bisherige deutsche Staatsbürgerschaft ab.

17. -22. April 1967
Auf dem 7. Parteitag der SED wird die Einführung der Fünf-Tage-Woche beschlossen. Gleichzeitig gestrichen werden fünf kirchliche Feiertage.

12. Dezember 1967
Die Währung der DDR wird von „Mark der Deutschen Notenbank" in „Mark der deutschen Demokratischen Republik" umbenannt.

6. April 1968
Die neue Verfassung der DDR tritt in Kraft. Sie bestimmt die DDR als „ sozialistischen Staat deutscher Nation" und schreibt die führende Rolle der SED fest.

19. August 1965
Die milden Urteile im Prozess gegen 21 Kommandanten des KZ Auschwitz führen zu starken internationalen Protesten.

20./21. August 1968
Einmarsch der Truppen des Warschauer Pakts in die Tschechoslowakei und Niederschlagung des Prager Frühlings.

6.-18.Februar 1968
Bei den Olympischen Spielen von Grenoble starten erstmals zwei deutsche Mannschaften.

– ich bin erwachsen – zu kommen. Lange vorher wurde die Kleidung ausgesucht. Die Jungen bekamen ihren ersten Anzug, eine männliche Hülle, in der sie recht kindlich aussahen. Wir Mädchen wurden zu kleinen Damen ausstaffiert. Natürlich durfte im Jahr 1964 bei der Oberbekleidung eine Natoplane nicht fehlen. Diese Nylonmäntel, vorwiegend in braun und blau, schickte die Tante aus dem Westen als Geschenk. Dazu gab es die ersten spitzen Absatzschuhe, genannt Spargelstecher.

Nach dem offiziellen Festakt luden die Eltern zur Feier für Verwandte und Bekannte ein. Mutter hatte schon Tage vorher gebacken und gekocht.

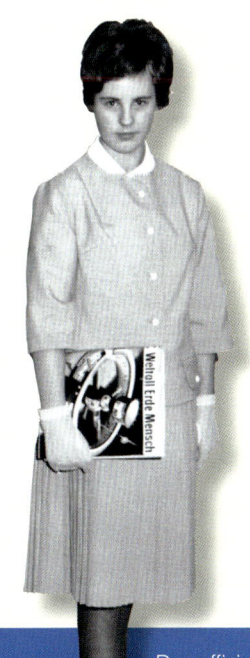

Das offizielle Foto zur Jugendweihe.

15. bis 18. Lebensjahr

Das Schönste zur Jugendweihe waren für uns die Geschenke. Die erste Silastikhose mit Steg, ganz groß in Mode, spendierte die Patentante. 160 DDR-Mark musste sie dafür im „Exquisitladen" hinblättern. Die Eltern hatten dazu einen Nylonanorak erstanden. Eine Hirtentasche aus Wildleder von der Cousine vervollständigte den modischen Auftritt.

In manchen Familien wurde, kaum war die Jugendweihe vorbei, alles für die Konfirmation vorbereitet.

Kurz nach der Jugendweihe wurden wir in die Freie Deutsche Jugend (FDJ) – gegründet 1946 – aufgenommen. Das Markenzeichen der Organisation war eine blaue Bluse mit einem Emblem auf dem Ärmel, das eine aufgehende Sonne zeigt. Der Eintritt in die FDJ war freiwillig. Wer sein Abitur ablegen wollte, konnte sich kaum der Mitgliedschaft verweigern.

Urkunde zur Jugendweihe.

Eins, zwei, drei

„Die Damen bitte links aufstellen, die Herren bitte rechts. " So begann unsere erste Tanzstunde. Ungelenk standen unsere Mitschüler vor uns, die der Tanzlehrer zu unserem Befremden eben „Herren" genannt hatte. Dass wir Damen

waren, stand dagegen außer Zweifel. Dann kam das Kommando, bitte eine Partnerin aufzufordern. Dem Maître müssen die Haare zu Berge gestanden haben. Statt gemessenen Schrittes auf die Wunschpartnerin zuzugehen, rannte die männliche Schöpfung übers Parkett, um so schnell wie möglich bei den hübschesten Mädchen zu sein. Vor Aufregung feuchte Hände fanden zueinander. Die körperliche Nähe zwischen den beiden Geschlechtern, wie sie die klassischen Tänze nun einmal erforderten, war ungewohnt.

Wir sahen auf unsere Füße und zählten im Geist „eins, zwei, drei und Drehung" mit. Wenn Füße reden könnten, hätten sie vor jeder Tanzstunde gejammert. Denn weder der spitze Absatz auf einem männlichen Fuß noch Schuhgröße 40 auf einem weiblichen war angenehm.

Dem Walzer folgten der Foxtrott und die Polka. Im Anschluss an jede Unterrichtsstunde durften wir junges Volk uns noch etwas bei Beatverrenkungen austoben. Der krönende Abschluss war der Tanzstundenball. Der junge Mann hatte den Auftrag, seine Tanzstundenpartnerin mit Blumen von zu Hause abzuholen. Da stand er verlegen im dunklen Anzug, weißem Hemd und nagelneuer Krawatte. Wir Mädchen trugen weit schwingende Kleider aus Organza, Tüll und Nylon, an den Händen hauchzarte Handschuhe bis zum Ellenbogen. Stolz schauten die Eltern den Paaren zu, die zeigten, dass das Geld für die Tanzstunden nicht vergeblich ausgegeben worden war.

15. bis 18. Lebensjahr

Neue Schule, neue Freunde

Der erste Schultag des neunten Schuljahres brachte für viele von uns eine Veränderung. Die alten Klassen bestanden nicht mehr. Einige von uns hatten den Sprung zur Erweiterten Oberschule (EOS) geschafft, um nach der zwölften Klasse das Abitur abzulegen. Andere wechselten von der achten Klasse direkt ins Berufsleben und eine Berufsschule. Die Klassen der Zehnklassigen Allgemeinbildenden Polytechnischen Oberschule (POS) wurden neu zusammengesetzt. Neue Fächer erweiterten den Stundenplan, wie z. B. Astronomie, mit der wir uns unsinnigerweise beschäftigten, wie wir meinten. Es gab aber mit einem Mal so viel Wichtiges neben dem Unterricht. Mann entdeckte Frau und umgekehrt. Briefchen mit heimlichen Verabredungen wechselten in der Stunde und den Pausen die Besitzer. Die erste Eifersucht kam auf im Wettkampf um die hübschesten Mädchen oder Jungen.

Wir Mädchen hatten statt Chemie und Physik eher die neuste Mode und Stars von Film und Musik im Kopf. Die Jungen ließen das „Magazin" kreisen. In dieser Illustrierten, die es fast nur unter dem Ladentisch gab, war immer ein farbiges Aktfoto zu finden. Wir tauschten in der Pause heimlich Exemplare der BRAVO. Die Klassenarbeit, die erwartet schlecht ausfiel, brachte uns dann wieder für eine Zeit auf den Pfad des Lernens. So viel hatten wir begriffen. Nur ein ordentlicher Schulabschluss bedeutete eine gute Lehrstelle oder die begehrte Studienrichtung.

Amor kitzelt

„Ich werde rot. Wie immer, wenn mich ein
Mädchen näher anschaut. Ich kann nichts tun
dagegen. Kann mich nur ärgern und warten,
dass es vorübergeht. Bei ihr warte ich umsonst.
Es geht nicht vorüber. Mein Kopf ist wie ein Siedekessel.
Sie steht jetzt auf und sagt: ‚Ich wer'
mal gehen.' Sie zupft an ihren Shorts, obwohl
es keinen Zweck hat, dass sie zupft. Die kurzen
Hosen werden davon nicht länger …"

Noch war es nur ein vorsichtiges Kitzeln, das Amor für uns hatte, so wie es
Benno Pludra in seinem Buch „Haik und Paul" beschreibt.

Urlaubsflirt unter
Aufsicht der Eltern.

Der Pfeil, der uns tief im Herzen treffen sollte, kam später. Die erste Jugend-
liebe. Der Heimweg von der Schule wurde immer weiter, führte jetzt durch den
Park. Heimlich wurden Küsse getauscht, sich berührt. Mehr war bei den
meisten von uns nicht erlaubt. Wir Mädchen hatten Angst, dass mit einer
frühen Schwangerschaft unsere Lebensträume an der Babywiege und dem
heimischen Herd platzen würden. Die Furcht vor den Eltern kam hinzu. Es gab
noch keine Anti-Baby-Pille und keinen legalen Schwangerschaftsabbruch.

Ein Teil unseres Jahrgangs war dennoch mit 17 Jahren schwanger und heiratete mit 18 Jahren, wobei das Baby gewissermaßen schon als Trauzeuge dabei war. Viele dieser Paare waren allerdings mit Mitte 20 wieder geschieden. Die Scheidungsrate in der DDR war sehr hoch. Das junge Eheglück bekam keine eigene Wohnung und kroch mit dem Baby in einem Zimmer bei den Eltern oder Schwiegereltern unter.

Was als große Liebe begonnen hatte, fiel im Alltag zwischen Babywindeln, Klausurarbeiten für den Beruf und den neuen Anforderungen, die der Haushalt stellte, auseinander. Die anderen von uns flirteten mit wechselnden Freunden oder Freundinnen, gingen regelmäßig ins Kino, in den Beatschuppen zum Tanz und beendeten ohne zusätzlichen Stress ihre Ausbildung.

Kinofilme

Das Fernsehen hatte unseren Drang, regelmäßig ins Kino zu gehen, nicht bremsen können. Die Besuche im Lichtspieltheater ließen sich in zwei Kategorien teilen, Filme, die im Klassenverband vom Lehrer verordnet wurden und dann bestimmt Unterrichtsthema waren und Filme, die wir mit einem Freund oder Freundinnen besuchten. Zur ersten Kategorie gehörten „Die Abenteuer des Werner Holt" und „Der geteilte Himmel", Streifen, die den Geschichts- oder Staatsbürgerkundeunterricht illustrierten.

Zum Vergnügen ließen wir die Musikkomödie „Heißer Sommer" für uns über die Leinwand flimmern, besonders, weil in diesem Streifen das DDR-Schlagerpaar Nummer eins Frank Schöbel und Chris Doerk die Hauptrollen spielten. Indianerfilme standen bei den Jungen hoch im Kurs, Goiko Mitich war der Pierre Brice des Ostens und Filme wie „Chingachook, die große Schlange" waren Kassenschlager. Schwarm von uns Mädchen war Alain

Chris Doerk und Frank Schöbel in „Heißer Sommer".

Delon, dessen Mantel- und Degenfilm „Die schwarze Tulpe" wir bestimmt drei- bis viermal gesehen haben.

Deutsch für Ost und West

Wenn wir unsere Verwandtschaft aus Hamburg lange nicht gesehen hatten, dann stellten wir Sprachprobleme fest. Das lag nicht daran, dass jeder einen kaum verständlichen Dialekt benutzte, sondern daran, dass wir oft das Gleiche meinten, aber dafür einen anderen Begriff hatten. Wenn wir Ostler davon sprachen, dass wir einen Broiler aus der Kaufhalle holen wollten, dann hieß das für unsere Verwandten übersetzt ein Grillhähnchen aus dem Supermarkt. In der Gaststätte bestellten wir Würzfleisch, sie Ragout fin und wir aßen das Gleiche. Mit typischen DDR-Begriffen, wie Datsche (Wochenendhäuschen), Jahresendprämie (13. Monatsgehalt), Malimo (Frotteestoff) und Ketwurst für Hot Dog konnten sie nichts anfangen. Die meisten der DDR-Begriffe sind aus unserem Wortschatz verschwunden und wir dürfen sogar wieder Königsberger Klopse essen, statt süßsaurer Klopse, weil im sozialistischen Staat der Stadtname Königsberg nicht mehr vorkommen durfte.

Über die „Pilzköpfe", die immer mehr junge heranwachsende Männer zum Frisurentrend erhoben, schüttelten die Erwachsenen nur den Kopf. Die Jungs wurden als Halbstarke und Gammler tituliert. Uns Mädchen wurde eingeimpft, ja nicht mit so einem Langmähnigen nach Hause zu kommen, egal, was unter den Haaren in seinem Kopf steckte.

Wir Mädchen ließen uns ebenfalls Mähnen wachsen und kürzten die Röcke, dass sie mehr wie ein breiter Gürtel aussahen. Am Wochenende legten wir unsere Kriegsbemalung an, schlüpften ins kürzeste Outfit, toupierten die Haare und gingen tanzen. Um sich nach dem Rhythmus des schluchzenden, kreischenden Beats zu bewegen, hätte es keiner Tanzstunde bedurft.

Jeder und jede auf der übervollen Tanzfläche gab sich der Musik hin mit Bewegungen, die einem Veitstanz glichen. Wir ließen aufreizend unsere Hüften

15. bis 18. Lebensjahr

schwingen, zeigten Bein und suchten Partner per Blickkontakt. Die Jungen tranken Bier, wir Mädchen Club Cola mit Rum. Über die strengen Sitten wird die heutige Discogeneration lachen. Die Partys und Tanzabende begannen nicht um 23 Uhr, um diese Zeit war zumindest für uns Mädchen Zapfenstreich im häuslichen Bett.

Endlich! Urlaubsreisen ohne Eltern.

18 Jahr – blondes Haar

Der 18. Geburtstag – endlich wirklich erwachsen. Wir durften zur Wahl gehen, die keine Wahl war. Wir durften heiraten, einen Führerschein erwerben und uns für ein Auto anmelden, das wir dann nach zehn Jahren Wartezeit auch bekommen würden. Und wir konnten allein verreisen, das Beste daran. Die erste Reise im Kreis von Freundinnen begann mit der Übertretung eines elterlichen Verbots: Wir trampten. An einer stinkenden und staubigen Landstraße standen wir in Zweiergruppen und hielten den Daumen hoch. Beim Gepäck beschränkten wir uns auf das Nötigste. Ein Campingplatz an der Ostsee war unser Ziel.

In kleinen Etappen, auf Rücksitzen von Trabis, in engen Fahrerkabinen von Lkws gequetscht, kamen wir unserem Urlaubsort näher. Am Campingplatz angekommen hielten wir Ausschau nach einem passenden Fleck, um unser Zelt aufzuschlagen. Passend hieß, nicht in der Nähe von Familien, sondern

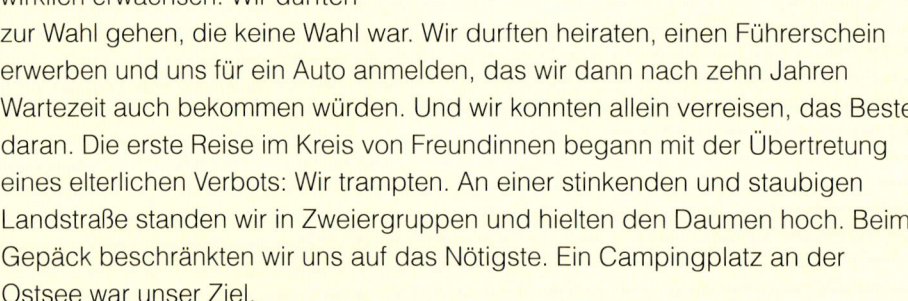

möglichst in der Nähe campender Jungs. Wir wollten unseren Spaß, unser Erwachsensein mit allem, was dazugehört, genießen. Flirts, Alkohol und Partys waren angesagt. Abends beim Tanz im großen Zelt schmuggelten wir Wein mit hinein, kauften uns eine Flasche und füllten diese immer wieder nach. Gerieten wir in Geldnot, arbeiteten wir zwei Tage bei der Ernte. Mit neuen Scheinen in der Tasche konnte das frohe Jugendleben weitergehen.

Wir fühlten uns schon sehr erwachsen.

Das Treffen

Wir Freundinnen hatten von Kindesbeinen an zusammen gespielt, gelernt und manchen Blödsinn ausgeheckt. In den vergangenen vier Jahren ging es uns wie den zehn kleinen Negerlein. Monika hatte nach der achten Klasse die Schule verlassen und den Beruf der Friseuse erlernt, Ursel und Gina gingen auf die EOS, Christel und Uschi ergriffen nach der zehnten Klasse einen kaufmännischen Beruf. Wir trafen uns zum 18. Geburtstag in unserer Lieblingseisbar. Monika mit einer tollen Frisur, geschminkt und gekleidet wie ein Model. Sie verdiente ja schon seit vier Jahren Geld. Unsere beiden Abiturienten gaben sich alternativ, mit Parka, Jeans und Jesuslatschen und sehr prüfungsgestresst. Christel kam zuletzt mit Kinderwagen. Das süße schreiende Bündel erforderte zunächst unser aller Aufmerksamkeit. Wir saßen an unserem riesigen Eisbecher und versuchten ein Gespräch in Gang zu bekommen. Es war schleppend. Eigentlich betonte jede von uns nur, wie gut es ihr ging. Lasst uns im nächsten Jahr wieder hier treffen. Daraus wurde nichts. Erst die Recherchen zu diesem Buch haben uns wieder lose zusammengeführt.